MEMORIAS de DOS HIJOS

MEMORIAS *de* DOS HIJOS

La Historia Tras Bastidores de un Padre, Dos Hijos y un Asesinato Escandaloso

GRUPO NELSON
Una división de Thomas Nelson Publishers
Desde 1798

NASHVILLE   DALLAS   MÉXICO DF.   RÍO DE JANEIRO   BEIJING

© 2008 por Grupo Nelson
Publicado en Nashville, Tennessee, Estados Unidos de América.
Grupo Nelson, Inc. es una subsidiaria que pertenece
completamente a Thomas Nelson, Inc.
Grupo Nelson es una marca registrada de Thomas Nelson, Inc.
www.gruponelson.com

Título en inglés: *A Tale of Two Sons*
© 2008 por John MacArthur
Publicado por Thomas Nelson, Inc.
Publicado en asociación con la agencia literaria Wolgemuth & Associates, Inc.

Traducción: *Ricardo y Mirtha Acosta*
Tipografía: *Grupo Nivel Uno, Inc.*
Diseño de portada: *The Designworks Group*
Diseño del paquete original © 2007 por Thomas Nelson, Inc.

ISBN: 978-1-60255-097-1

Impreso en Estados Unidos de América

08 09 10 11 12 BTY 9 8 7 6 5 4 3 2 1

A mis hijos, Matthew y Mark, quienes nunca han sometido a su padre a ninguno de los sufrimientos y penas del padre del hijo pródigo. Su fiel amor por Cristo, y su perdurable cariño por su padre son para mí recordatorios reales, vívidos y diarios de cómo mi vida ha sido bendecida.

❦ CONTENIDO ❦

PARTE 4
EL HERMANO MAYOR

PARTE 5
EL EPÍLOGO

❦ RECONOCIMIENTOS ❧

NINGUNO DE MIS LIBROS SERÍA POSIBLE SIN UNA TREMENDA CANTIDAD de ayuda de varios correctores, colaboradores y amigos que contribuyen con muchas horas de su propio trabajo para ver cristalizado un libro como este. Estoy agradecido por el equipo de Thomas Nelson, cuya pasión y clara visión para el potencial de esta obra han ayudado a conformar el proyecto y a hacerlo circular desde el mismísimo inicio. Mi más sincero agradecimiento y aprecio profundo también para Robert Wolgemuth, cuya agudeza creativa y su enorme entendimiento del campo editorial me son tan útiles como valiosísima su amistad. Asimismo estoy agradecido por Phil Johnson, quien dirigió el proceso de convertir este material de las transcripciones del sermón original al manuscrito de un factible libro. Phil ha trabajado a mi lado con esa capacidad de editar más de cincuenta libros en los últimos veinticinco años.

Quiero reconocer mi deuda con Kenneth E. Bailey, cuyos libros *Finding the Lost Cultural Keys to Luke 15* [Cómo encontrar las claves culturales perdidas en Lucas 15], Concordia, St. Louis, 1992; *The Cross and the Prodigal* [La cruz y el hijo pródigo], Concordia, St. Louis, 1973; y *Poet & Peasant* [Poeta & Campesino], Eerdmans, Grand Rapids, 1976, fueron particularmente útiles en mi preparación de los sermones originales en que se basa el material de este libro.

Como siempre, *agradezco* y *reconozco* profundamente a las personas de la Iglesia Comunidad de Gracia y los muchos seres queridos que me han dado su apoyo, y con quienes el Señor me ha rodeado misericordiosamente... en especial mi amada esposa Patricia, nuestros hijos, sus esposas y nuestros amados nietos. Sin el paciente y fiel aliento de ellos (a pesar de los muchos inconvenientes que soportaron durante esas interminables horas en que estuve inmerso en estudiar y escribir), yo no podría haber soportado los rigores de haber escrito esta obra, además de mis otros deberes ministeriales.

El Señor ha sido indescriptiblemente misericordioso conmigo.

—John MacArthur

Un relato inolvidable

LA MAYORÍA DE LAS PERSONAS MODERNAS CONOCEN DE UN MODO U otro la parábola del hijo pródigo que se encuentra en Lucas 15.11–32. Incluso quienes no saben casi nada de la Biblia han oído algo acerca de este relato. Sus temas y su lenguaje están profundamente arraigados en nuestras tradiciones espirituales y literarias.

Shakespeare, por ejemplo, sacó tramas y temas de la parábola del hijo pródigo y los adaptó en *El mercader de Venecia* y *Enrique IV*. El Poeta de Avon también se refirió una y otra vez a esta parábola en sus demás dramas. Arthur Sullivan usó las palabras exactas del texto bíblico como base de un oratorio titulado *El hijo pródigo*; Sergei Prokofiev proyectó el argumento en forma de ballet; y Benjamin Britten convirtió la historia en una ópera. En el extremo musical opuesto, el cantante de música country Hank Williams grabó una canción titulada «El hijo pródigo», en la que compara la llegada a casa del hijo pródigo con los gozos celestiales. Los grandes museos de arte en el mundo están bien surtidos con obras en que aparecen escenas de la experiencia del hijo pródigo, entre ellas famosos dibujos y pinturas de Rembrandt, Rubens, Dürer y muchos otros.

Asimismo, el lenguaje contemporáneo está lleno de palabras e imágenes extraídas de la conocida parábola. Es muy común oír referirse a un niño caprichoso como «hijo pródigo». A veces la gente habla de «matar el becerro gordo» (una metáfora apropiada para un festejo extravagante); «comer algarrobas» (refiriéndose al uso de cosas triviales, superficiales o mundanas que no son de verdadero alimento); o «vivir perdidamente» (describiendo un estilo de vida disoluto o derrochador). Usted tal vez haya oído o leído esas alusiones sin reconocer su origen. Son sacadas directamente del relato de la versión Reina Valera 1960 (RVR60) de esta conocidísima parábola de Jesús.

UNA HISTORIA PARA RECORDAR

La del hijo pródigo es una de las varias parábolas memorables documentadas solo en el Evangelio de Lucas. Muchas razones la destacan como la más selecta de estas parábolas.

Esta es, de todas las parábolas de Jesús, la más descriptiva, concluyentemente dramática, e intensamente personal. Está llena de emociones que van de tristeza a triunfo, a un sentido de consternación, y finalmente a un deseo inquietante de más conclusión. Los personajes son conocidos, por lo que es fácil para la gente identificarse con el hijo pródigo, sentir el dolor del padre, y sin embargo (hasta cierto punto), simpatizar con el hermano mayor… todo al mismo tiempo. La historia es memorable en muchos niveles, sin ser el menos importante las enérgicas imágenes que Jesús cita. La descripción del hijo pródigo con un hambre tan desesperada que estaba dispuesto a comer

> Esta es, de todas las parábolas de Jesús, la más descriptiva, concluyentemente dramática, e intensamente personal.

desperdicios para cerdos, por ejemplo, representa grá'
dación juvenil en una forma insoportablemente repug.
audiencia judía.

Otro aspecto que hace inolvidable este relato es la sensibilidad demos-
trada en la respuesta del padre al retorno de su hijo perdido. El júbilo del
padre estaba lleno de tierna compasión. El hijo menor, quien se había
ido lleno de insolencia y descaro, destruyendo las esperanzas que su
padre había puesto en él, volvió como un hombre totalmente quebrantado. Desconsolado y sin duda profundamente herido por la rebeldía de
su necio hijo, el padre sin embargo expresó alegría pura, sin ninguna
insinuación de amargura, cuando su hijo tarambana volvió arrepentido
a casa. ¿A quién no le conmovería esta clase de amor?

Pero el hijo mayor en la parábola *no* se conmovió en lo más mínimo
por el amor de su padre. Su inflexible
resentimiento por la misericordia del
padre hacia su hermano contrasta crudamente con el tema dominante de Lucas
15, el cual es el gran gozo en el cielo por
el regreso de los perdidos. El mensaje
principal de la parábola, entonces, es una
súplica urgente y aleccionadora a una
audiencia de corazón endurecido cuyas
actitudes reflejaban exactamente las del
hermano mayor. La parábola del hijo
pródigo no es un cálido y confuso mensaje para sentirse bien, sino un poderoso
llamado a despertar con una advertencia
muy seria.

> La parábola del
> hijo pródigo no
> es un cálido y
> confuso mensaje
> para sentirse
> bien, sino un
> poderoso llamado a
> despertar con una
> advertencia muy
> seria.

Ese punto no se debe pasar por alto en nuestra comprensión y revalorización de esta amada parábola. Por desgracia, a menudo se hace caso omiso al escarmiento del hermano mayor en muchas de las leyendas populares. Y sin embargo, esta es después de todo la razón principal de que Jesús contara la parábola.

Cómo interpretar las parábolas de Jesús

Una buena regla para explicar cualquier parábola es mantener el enfoque en la enseñanza principal. No es buena idea tratar de sacar ventaja de todo detalle incidental en la parábola. Los teólogos medievales eran conocidos por eso. Ellos podrían disertar durante horas sobre los mínimos particulares de toda parábola, tratando de encontrar significados muy detallados, simbólicos y espirituales en cada característica de la historia… mientras en ocasiones prácticamente hacían caso omiso al punto central de la parábola. Esa es una manera peligrosa de manejar cualquier pasaje bíblico. Pero es especialmente fácil caer en el error cuando se trata de interpretar las varias figuras retóricas en la Biblia. Las parábolas son claras y deliberadamente metafóricas, pero no son *alegorías*, en que cada detalle tiene alguna clase de simbolismo. Una parábola es una simple metáfora o símil transmitida en forma de historia. Es en primer lugar una *comparación*. «El reino de los cielos es semejante a…» (vea, por ejemplo, Mateo 13.31, 33, 44-45, 47, 52; 20.1, 22.2).

> Una parábola es una simple metáfora o símil transmitida en forma de historia. Es en primer lugar una *comparación*.

La palabra *parábola* se transcribe de un vocablo griego que habla literalmente de una cosa que se pone al lado de otra con el fin de señalar la semejanza o de hacer una importante asociación entre las dos cosas. Es una forma literaria básica con un propósito muy específico: hacer una analogía enfocada a través de una interesante historia o descripción vívida. Los comentaristas de las parábolas siempre harán bien en tener eso en mente y tratar de no buscar simbolismos complejos, varias interpretaciones, o enseñanzas recónditas en los detalles periféricos de las parábolas.

Debido a la riqueza de sus pormenores, la parábola del hijo pródigo quizás ha estado sometida a más interpretaciones imaginativas que cualquier otra. He visto comentaristas que pasan una página tras otra hablando del supuesto significado espiritual y alegórico de características tales como sobras para cerdos (símbolo de pensamientos diabólicos, según un escritor), el anillo que el padre pone en el dedo del hijo (una imagen gráfica pero esotérica del misterio de la Trinidad, si aceptamos las cavilaciones de otro comentarista), o el calzado en los pies del hijo pródigo (estos representan el evangelio, como insiste otro exegeta, apoyándose en Efesios 6.15).

Como método de interpretación bíblica, esa clase de alegorización se ha empleado para crear más confusión acerca del sencillo significado de la Biblia que cualquier otro recurso hermenéutico. Si usted puede decir con libertad que *esto* en realidad significa *eso*, y que algo es símbolo de algo más, sin basarse en claves contextuales sino inventadas totalmente en la imaginación del expositor, y especialmente si usted está dispuesto a hacer eso con explicaciones exhaustivas de cada detalle en la narración bíblica, entonces a la larga puede hacer que la Biblia signifique algo que usted decida.

Inventar interpretaciones extravagantes y alegóricas no es un enfoque válido para explicar *ninguna* porción bíblica. Y los elementos obviamente figurados en una parábola no cambian las reglas de exégesis ni nos dan licencia para inventar interpretaciones. Es más, al manejar el simbolismo de una parábola es particularmente importante mantener en enfoques claros el punto principal y el contexto inmediato, y no dar rienda suelta a imaginaciones estrambóticas.

ENSEÑANZA PRINCIPAL DEL HIJO PRÓDIGO

Queda dicho que a causa de la plenitud peculiar de sus detalles descriptivos, la parábola del hijo pródigo invita a más rigurosos exámenes y análisis que una parábola de una sola frase. Esta historia nos proporciona un extraordinario retrato muy real, con abundantes texturas de delicado pincel, y estos detalles son sumamente valiosos para ayudarnos a entender el contexto cultural. Los detalles no se dan para añadir varias explicaciones espirituales a la enseñanza principal de la parábola, sino para resaltar la enseñanza misma animándola. La interpretación de la parábola es por tanto muy sencilla, mientras veamos la imagen cultural por lo que es, y hagamos lo posible por leer la historia a través de los lentes de la vida agraria aldeana del primer siglo. Eso es precisamente lo que nos ayuda a hacer las pintorescas características en esta parábola.

Esta narración se extiende a lo largo de veintidós versículos en este fundamental capítulo del Evangelio de Lucas. Con tanto derroche de colorido, patetismo dramático, y pormenores entretejidos cuidadosamente en esta descripción vívida, parece claro que la intensidad de la parábola está diseñada a propósito para resaltar su significado principal. Se espera que observemos y entendamos las personalidades y los argumentos que entrega esta asombrosa historia.

En realidad, el contexto de Lucas 15, con su tema de gozo celestial por arrepentimiento terrenal, da perfecto sentido a todos los detalles importantes de la parábola. El hijo pródigo representa a un típico pecador que se arrepiente. La paciencia, el amor, la generosidad y el gozo del padre por el regreso del hijo son símbolos claros y perfectos de la gracia divina.

El cambio de actitud en el hijo pródigo es una representación de cómo debería ser el verdadero arrepentimiento. Y la fría indiferencia del hermano mayor, el verdadero punto central de la historia, como resulta ser, es una representación vívida de la misma hipocresía maligna que Jesús estaba confrontando en los corazones de los antagonistas escribas y fariseos, a quienes antes que nadie refirió la parábola (Lucas 15.2). A ellos les molestaban tremendamente los pecadores y cobradores de impuestos que se acercaban a Jesús (v. 1), e intentaron disimular su indignación carnal con pretextos religiosos. Pero sus actitudes traicionaron su incredulidad y su egocentrismo. La parábola de Jesús rasgó la máscara de su hipocresía.

Esta entonces es la enseñanza medular y sobresaliente de la parábola: Jesús señala el marcado contraste entre el deleite de Dios en la redención de pecadores y la inflexible hostilidad de los fariseos hacia esos mismos pecadores. Teniendo en mente con firmeza esta enseñanza, podemos legítimamente extraer de toda la historia (a medida que Jesús la desarrolla) varias enseñanzas profundas acerca de la gracia, el perdón, el arrepentimiento, y el corazón de Dios hacia los pecadores. Todos esos elementos son tan evidentes en la parábola que casi todo el mundo debería reconocerlos.

Un recordatorio de la gracia de Dios

Siempre me ha entusiasmado esta parábola, y he tenido grandes deseos de escribir un libro acerca de ella. Pero en la sabiduría de la providencia divina, no tuve la oportunidad de predicar exhaustivamente a mi manera a través del Evangelio de Lucas hasta que ya había predicado sermones y escrito comentarios prácticamente sobre todo el resto del Nuevo Testamento.

Al mirar hacia atrás mis años de ministro hasta ahora, me alegro por el tiempo del Señor. Volviendo a esta conocida y favorita parábola después de rastrear meticulosamente por el resto del Nuevo Testamento, valoro más que nunca su mensaje cuidadosamente combinado. Enfoco la parábola con un profundo aprecio por la gloria de la simplicidad del evangelio, la inmensa riqueza de la gracia de Dios, la alarmante profundidad de la depravación humana, la belleza de la divina y misericordiosa salvación, y la absoluta maravilla del gozo en el cielo. Todos esos elementos son importantes temas del Nuevo Testamento. No sorprende que también sean las ideas medulares del evangelio. Y todas están aquí en vivos matices. Supongo que esta es la razón principal de que Jesús invirtiera tanto tiempo y tan cuidadosos detalles en la narración de esta parábola.

Todas esas serían abundantes razones para abrirnos paso a través de un serio estudio, del tamaño de un libro, de esos veintidós versículos que domina Lucas 15. Pero también hay esto: la parábola del hijo pródigo es un espejo para el corazón y la conciencia de todo ser humano.

VEÁMONOS REFLEJADOS EN LA PARÁBOLA

> Hay una buena razón para que esta corta historia toque las fibras sensibles de muchos oyentes. Nos reconocemos en ella.

Hay una buena razón para que esta corta historia toque las fibras sensibles de muchos oyentes. Nos reconocemos en ella. La parábola nos recuerda los aspectos más dolorosos de la condición humana, y quienes la miran con sinceridad se reconocerán en ella.

Para los creyentes, el hijo pródigo es un humilde recordatorio de quiénes somos y de cuánto le debemos a la gracia divina.

Para quienes están conscientes de su propia culpa, pero todavía no se arrepienten, la vida del hijo pródigo es un punzante recordatorio de la paga del pecado, del deber que el pecador tiene de arrepentirse, y de la bondad divina que acompaña al arrepentimiento auténtico.

Para los pecadores que se arrepienten, el entusiasta recibimiento del padre y su suntuosa generosidad son recordatorios de que la gracia y la bondad de Dios son inagotables.

Para los incrédulos que hacen caso omiso (especialmente aquellos como los escribas y fariseos que usan la justicia externa como una máscara para sus corazones injustos), el hermano mayor es un recordatorio de que ni un espectáculo religioso ni una ostentación de respetabilidad son substitutos válidos para la redención.

Para todos nosotros, la actitud del hermano mayor es una poderosa advertencia que muestra cuán fácil y sutilmente la incredulidad se puede hacer pasar por fidelidad.

Sean cuales sean las categorías en que usted caiga, oro para que a medida que lea este libro el Señor lo utilice para ministrarle gracia a su corazón. Si usted es creyente, ojalá se deleite en el gozo del Padre por la salvación de los perdidos. Deseo que obtenga un nuevo aprecio por la belleza y la gloria del plan de redención divina, y que también se anime y se prepare mejor para participar en la obra de extender el evangelio.

Ojalá los lectores que, como el hijo pródigo, hayan tocado fondo, se motiven a dejar las algarrobas de este mundo. Por sobre todo, ojalá este mensaje haga sonar un toque de diana en los corazones de todo aquel que deba despertar a la horrible realidad de su pecado y a la gloriosa promesa de redención en Cristo.

Parte i

La parábola

Un hombre tenía dos hijos; y el menor de ellos dijo a su padre: Padre, dame la parte de los bienes que me corresponde; y les repartió los bienes.

No muchos días después, juntándolo todo el hijo menor, se fue lejos a una provincia apartada; y allí desperdició sus bienes viviendo perdidamente. Y cuando todo lo hubo malgastado, vino una gran hambre en aquella provincia, y comenzó a faltarle. Y fue y se arrimó a uno de los ciudadanos de aquella tierra, el cual le envió a su hacienda para que apacentase cerdos. Y deseaba llenar su vientre de las algarrobas que comían los cerdos, pero nadie le daba.

Y volviendo en sí, dijo: ¡Cuántos jornaleros en casa de mi padre tienen abundancia de pan, y yo aquí perezco de hambre! Me levantaré e iré a mi padre, y le diré: Padre, he pecado contra el cielo y contra ti. Ya no soy digno de ser llamado tu hijo; hazme como a uno de tus jornaleros.

Y levantándose, vino a su padre. Y cuando aún estaba lejos, lo vio su padre, y fue movido a misericordia, y corrió, y se echó sobre su cuello, y le besó.

Y el hijo le dijo: Padre, he pecado contra el cielo y contra ti, y ya no soy digno de ser llamado tu hijo.

Pero el padre dijo a sus siervos: Sacad el mejor vestido, y vestidle; y poned un anillo en su mano, y calzado en sus pies. Y traed el becerro gordo y matadlo, y comamos y hagamos fiesta; porque este mi hijo muerto era, y ha revivido; se había perdido, y es hallado. Y comenzaron a regocijarse.

Y su hijo mayor estaba en el campo; y cuando vino, y llegó cerca de la casa, oyó la música y las danzas; y llamando a uno de los criados, le preguntó qué era aquello.

Él le dijo: Tu hermano ha venido; y tu padre ha hecho matar el becerro gordo, por haberle recibido bueno y sano.

Entonces se enojó, y no quería entrar. Salió por tanto su padre, y le rogaba que entrase. Mas él, respondiendo, dijo al padre: He aquí, tantos años te sirvo, no habiéndote desobedecido jamás, y nunca me has dado ni un cabrito para gozarme con mis amigos. Pero cuando vino este tu hijo, que ha consumido tus bienes con rameras, has hecho matar para él el becerro gordo.

Él entonces le dijo: Hijo, tú siempre estás conmigo, y todas mis cosas son tuyas. Mas era necesario hacer fiesta y regocijarnos, porque este tu hermano era muerto, y ha revivido; se había perdido, y es hallado.

—Lucas 15.11–32

La historia corta más fabulosa jamás contada

Un hombre tenía dos hijos...

—Lucas 15.11

CHARLES DICKENS (QUIEN PUDO INVENTAR UNA HISTORIA SOBRE SI mismo) llamó excelentemente a la parábola del hijo pródigo la historia corta más fabulosa que se ha escrito. Él se une a un enorme coro de genios literarios, que van desde William Shakespeare hasta Garrison Keillor, quienes expresaron admiración por la parábola como material publicado.

No se equivoque: en muchos niveles, la parábola del hijo pródigo es en realidad un modelo de literatura extraordinaria. Es sin discusión uno de los más excelentes ejemplos de narración de historias, con su perspicaz apelación a las emociones e imaginaciones de los oyentes; su forma concisa y rigurosamente elaborada; y su mensaje poderoso y personalmente encantador. Se trata de una joya por su carácter sucinto y su desarrollo de la trama. Puede dejar

> En muchos niveles, la parábola del hijo pródigo en realidad es un modelo de literatura extraordinaria.

una impresión duradera en la mayoría de los oyentes sin recurrir al uso de sensiblería o sensacionalismo. La parábola es clara y colorida, y está enfocada y plenamente llena de imágenes de la vida familiar real. El mensaje es tan sencillo que hasta un niño puede seguir la trama, pero es tan suficientemente profunda como para haber sido tema de varios estudios clásicos del tamaño de libros.

Por supuesto, el propósito principal de la parábola no fue meramente literario, y en su forma original ni siquiera fue en absoluto una obra escrita. Fue pronunciada oralmente a una audiencia que incluía (por una parte) una mezcla de publicanos corruptos y algunos de los pecadores más arruinados de la sociedad que estaban ansiosos por oír las buenas nuevas de Jesús… junto con (por otra parte) un grupo antagonista de fariseos y escribas súper religiosos que estaban enojados con Jesús y que murmuraban: «Este a los pecadores recibe, y con ellos come» (Lucas 15.1-2). La respuesta de Jesús a la queja de ellos estaba encerrada en la enseñanza del hijo pródigo. La parábola tuvo por tanto un propósito polémico: dar una reprimenda reveladora y bien dirigida a la élite religiosa de la época de Jesús.

> Si entendemos correctamente la narración, sus *enseñanzas espirituales* dejan una impresión mucho más indeleble en nuestros corazones y mentes que lo que pudiera lograr cualquier análisis literario de la parábola.

Por tanto, a pesar de todo lo que se podría decir para enaltecer la forma literaria de esta parábola, la intención de Jesús al contar la historia no fue impresionar a sus oyentes con arte dramático. Al contrario, si entendemos correctamente la narración, sus *enseñanzas espirituales* dejan una impresión mucho más indeleble en nuestros corazones y mentes que lo que pudiera lograr cualquier análisis literario de la parábola. Es por eso de primordial importancia captar con exactitud el significado de la historia... en su contexto original y con todos los matices y las implicaciones que habría considerado la audiencia original de Jesús.

CULTURA Y CONTEXTO

Recordemos que la Biblia es desde su inicio un libro del antiguo Medio Oriente. Los relatos bíblicos fueron expuestos en sociedades semíticas de la vieja guardia, muy distantes del mundo occidental moderno. Las complejas costumbres de esas culturas no siempre son obvias para el lector del siglo veintiuno que vive en una sociedad industrializada arraigada en costumbres europeas. Es más, a pesar de la enorme cantidad de comunicación masiva de hoy, el cristiano típico en Occidente tiene poca experiencia de primera mano con la vida en el Medio Oriente, ya sea antiguo o moderno.

Con frecuencia esa ignorancia tiene un efecto perjudicial en el modo en que se entendió y se aplicó la Biblia en las creencias evangélicas populares. Es demasiado fácil sacar historias bíblicas de sus contextos originales, forzarlas dentro de un marco posmoderno de referencia, y perder toda su trascendencia. Además de eso, una de las tristes realidades de nuestra cultura es que tendemos a la prisa, incluso cuando leemos la Biblia. Queremos apresuradamente encontrar aplicaciones prácticas para nosotros, sin hacer el cuidadoso trabajo imprescindible de interpretación correcta de las Escrituras.

Peor aun, en un incesante esfuerzo por hacer que la Biblia parezca lo más contemporánea posible, a veces los maestros bíblicos deliberadamente tuercen, restan importancia, o hacen caso omiso al contexto histórico de las Escrituras. Esa clase de trato superficial ha sido muy común en el manejo popular de la parábola del hijo pródigo. Es inevitable que esto lleve a mala interpretación y mal uso, inutilizando por completo el mensaje central que Jesús quiso transmitir. Y ese no es un asunto insignificante.

Sin duda *esta* parábola merece un estudio más serio. Se trata del más largo de los relatos de Jesús precisamente porque contiene matices, perspicacias, actitudes culturales, y otras características que iluminan su significado más plenamente. Su cuidadoso estudio rinde abundantes recompensas.

Tenga también en cuenta que el significado de la Biblia es estable. La verdad bíblica no cambia con el tiempo ni representa algo distinto en culturas diferentes. Hoy día el texto aún significa todo lo que significaba cuando se escribió originalmente. Sea lo que sea que Jesús quisiera comunicar a sus oyentes al narrar esta parábola, ese significado aún constituye su único mensaje verdadero. (Vea el apéndice para un análisis más completo de este punto.)

> Sea lo que sea que Jesús quisiera comunicar a sus oyentes al narrar esta parábola, ese significado aún constituye su único mensaje verdadero.

Por tanto, si pensamos extraer de esta parábola lo que Dios desea que aprendamos, y lo que quiso revelar para nuestra edificación, debemos tratar de oírlo en la manera en que lo oyó la audiencia original de Jesús.

Cuando Jesús hablaba, «gran multitud del pueblo le oía de buena gana» (Marcos 12.37), en gran parte porque les hablaba en su idioma. Él evocó imágenes, recuerdos y emociones en la cultura de ellos. Vivió y ministró entre campesinos del Oriente Medio, y los escritos del evangelio reflejan ese contexto. Hasta las personas más educadas en el tiempo de Jesús conocían los convencionalismos de la vida aldeana agraria, porque las costumbres y las tradiciones que regían la sociedad se habían albergado por generaciones en los sentimientos de las personas comunes. (Algunos de los rasgos y las estructuras sociales de esa cultura aún existen hoy día en la vida aldeana del Medio Oriente.) Tales costumbres gobernaban sus formas de vida, determinaban su manera de pensar, y por tanto conformaban su respuesta emocional a una historia como el hijo pródigo.

Por ejemplo, en el relato de Jesús de esta parábola, él no establece explícitamente que el padre fuera un hombre acaudalado, pero (como veremos en nuestro estudio del texto) incluyó suficientes detalles secundarios en la narración para clarificar sin ninguna duda esta realidad. El hecho de que este hombre tuviera siervos y un becerro gordo a su disposición no habría escapado al pensamiento de cualquier oyente en esa cultura. Toda la audiencia de Jesús habría tenido la clara imagen mental de un aristócrata importante, aun sin que se exponga en particular ese punto. Además, el concepto que tendrían de esa persona estaría repleto de expectativas acerca de cómo reaccionaría típicamente ante ciertos aspectos, o cómo se conduciría en ciertas circunstancias. Para entender el tema subyacente de la parábola del hijo pródigo es importante comprender que el padre en la historia echó por tierra todo estereotipo cultural normalmente asociado con alguien tan importante. Pondremos particular atención a esos aspectos del comportamiento del padre a medida que recorramos la parábola. Pero recuerde que todos estos asuntos eran suposiciones obvias y tácitas para la audiencia original de Jesús.

La vida pueblerina estaba tan arraigada y se entendía tan claramente en cada nivel de esa sociedad, que las costumbres reflejadas en narraciones bíblicas generalmente no se debían explicar dentro del relato. No era necesario resaltar las actitudes ampliamente conocidas. Las costumbres sociales antiguas no requerían explicación. Sin embargo, esas ideas tácitas pero culturalmente entendidas daban colorido y significado a las historias de Jesús.

Por eso debemos ponernos (hasta donde sea posible) en el mismo marco mental de las personas en la época de Jesús para captar la importancia del mensaje que les transmitía. Debemos tener un entendimiento imparcial de las actitudes culturales profundamente arraigadas, de los rituales y hábitos adquiridos de su herencia religiosa, de varias tradiciones sociales y nacionales, y de los delicados sentimientos característicos de una sociedad patriarcal, especialmente donde las personas aún le daban gran valor a la estabilidad y fortaleza de la familia extendida.

> No podemos llegar a obtener un reconocimiento íntegro de la enseñanza principal de la parábola, a menos que empecemos a comprender las ideas y actitudes que conformaban la cultura.

Esas no son preocupaciones secundarias o circunstanciales. El contexto cultural es lo que da vida a esta parábola y nos permite vivirla. Si hemos de captar el verdadero significado de esta historia clásica en toda su importancia espiritual, debemos volver atrás y tratar de ponernos en ese mismo lugar y tiempo. No podemos llegar a obtener un reconocimiento íntegro de la enseñanza principal de la parábola, a menos que empecemos a comprender las ideas y actitudes que conformaban la cultura.

CIRCUNSTANCIAS Y CONTEXTO

Lucas escribió más parábolas que cualquiera de los otros escritores del Evangelio. Solo él contiene unas cuantas de las parábolas más largas, más importantes, más detalladas y más instructivas de Jesús, entre las cuales están el buen samaritano (10.29–37), el amigo a medianoche (11.5–8), el rico insensato (12.13–21), el rico y Lázaro (16.19–31), y el fariseo y el publicano (18.9–14). Muchas de estas excelentes parábolas están adornadas con temas como oración, arrepentimiento, perdón, justificación y gracia divina. La parábola del hijo pródigo es la obra magna y central de estas excepcionales parábolas lucanas, entretejiendo a la vez varios de esos temas fundamentales.

Antes de examinar más detalladamente la parábola, observemos dónde calza en el ministerio de Cristo y en el flujo del Evangelio de Lucas. Para ese tiempo Jesús había estado ministrando por casi tres años, predicando que el reino de Dios se había acercado, y llamando a hombres y mujeres a entrar al reino por medio del arrepentimiento y la fe en él (Lucas 10.9; 12.31; 18.17).

Jesús se encontraba ahora en su camino a Jerusalén durante los últimos meses de su vida terrenal. Estaba decidido a ofrecerse como el sacrificio perfecto de Dios por el pecado, a morir en la cruz, y luego a resucitar de los muertos, habiendo cumplido la obra que debía llevar a cabo, a fin de ganar la redención para los pecadores. Cuando Lucas relata su versión de los últimos meses de la vida de Jesús lo representa con la resuelta devoción a ese propósito único, y concentrado en llevarlo a cabo. Ese se convierte en un tema continuo en la segunda mitad de Lucas, como lo indica Lucas 9.51: «[Jesús] afirmó su rostro para ir a Jerusalén».

En ese punto el Evangelio de Lucas toma una nueva entonación. Lucas describe reiteradamente la última parte del ministerio de Jesús como un viaje firme hacia Jerusalén (9.53; 13.22), aun cuando está registrando movimientos geográficos que alejaban a Jesús de Judea y lo volvían a situar en Galilea (cf. 17.11). Jerusalén se convirtió en el centro de todo el ministerio de Jesús. Lucas era un historiador y escritor muy cuidadoso para que esa fuera una equivocación, y conocía demasiado bien la geografía de la Tierra Santa como para confundirse respecto de la dirección que debía seguir Jesús para llegar a Jerusalén. Al contrario, lo que estaba describiendo era el avance espiritual, no geográfico, del ministerio de Jesús, a medida que sus enseñanzas y sus interacciones cada vez más polémicas con los fariseos lo acercaban aun más a su verdadero objetivo: la cruz.

El drama, las emociones, y el ritmo en la narración de Lucas surgen inexorablemente desde el final de Lucas 9 hasta la entrada triunfal (19.28 ss). Las más serias expectativas de Jesús establecen el tono, tipificado en Lucas 12.49–50: «Fuego vine a echar en la tierra; ¿y qué quiero, si ya se ha encendido? De un bautismo tengo que ser bautizado; y ¡cómo me angustio hasta que se cumpla!» Todo lo que Jesús hace y dice en la segunda mitad del Evangelio de Lucas lleva la narración hacia la cruz.

La parábola del hijo pródigo no es la excepción a esa regla. Los prominentes temas de perdón y gracia divina reflejan la preocupación de Jesús en mente y corazón. Pero más inquietante es que la clara lección de la parábola facilitó un incidente más importante en una larga sucesión de vergüenzas públicas que provocaron la decisión de los escribas y los fariseos de verlo destruido. Según Lucas 11.54, ellos ya estaban «acechándole, y procurando cazar alguna palabra de su boca para acusarle». Esta parábola no les proveyó esa oportunidad, pero sin duda les reforzó sus motivos y endureció su resolución.

ESCRIBAS Y FARISEOS

En realidad, en el capítulo 15 de la cronología de Lucas, los escribas y los fariseos ya se habían vuelto implacables en su búsqueda de un motivo, *cualquier* motivo, para acusar a Cristo, y por eso es que estaban en la escena en primer lugar. Le estaban siguiendo los pasos, escuchando atentamente cada una de sus palabras. Pero no lo oían con oídos de fe, y no lo seguían porque admiraran sus enseñanzas. Al contrario, lo acechaban debido a su desesperación por encontrar una manera de acusarlo... o mejor aun, una excusa para matarlo.

Los escribas y los fariseos eran los principales artífices del judaísmo popular en esa generación. Ejercían su influencia principalmente en las sinagogas, donde los sábados de todas las semanas enseñaban en asambleas locales de judíos. Los *escribas* eran copiadores, redactores e intérpretes profesionales de la ley. Eran también los principales custodios de las varias tradiciones que determinaban cómo se aplicaba la ley. La mayoría de escribas también eran fariseos por convicción (aunque algunos de ellos pertenecían a una secta antagonista conocida como los saduceos).

Los fariseos eran *legalistas*, creían que la manera de obtener el favor de Dios era obteniendo méritos, y pensaban que la mejor manera de obtenerlos a los ojos del Señor era por medio de la fastidiosa observancia de la Ley. El enfoque de los fariseos hacia la religión fomentaba de modo natural la justicia propia (Romanos 10.3–4), mezclada con declarado desprecio hacia todo aquel que a su parecer no estaba a la altura (Lucas 18.9).

Pero los fariseos también eran *hipócritas*. Ponían sus esperanzas principalmente en apariencias externas de la Ley, que en realidad no tenían importancia, creyendo según parece que mientras más resaltaban los puntos selectos de la ley, más espirituales se veían ante el pueblo. Por eso también estaban obsesionados con las exigencias ceremoniales de la ley.

Los fariseos apreciaban más la demostración religiosa pública que la devoción privada y la verdadera justicia. Hacían un gran espectáculo, por ejemplo, al contar minúsculas semillas para sacar un diezmo (Mateo 23.23). Sin embargo, rechazaban los asuntos más importantes de la Ley, mostrando poco interés en los requerimientos y valores morales como justicia, misericordia y fe (Mateo 23.23). Jesús afirmó que por dentro eran corruptos: «Sois semejantes a sepulcros blanqueados, que por fuera, a la verdad, se muestran hermosos, mas por dentro están llenos de huesos de muertos y de toda inmundicia. Así también vosotros por fuera, a la verdad, os mostráis justos a los hombres, pero por dentro estáis llenos de hipocresía e iniquidad» (vv. 27-28).

ANTAGONISMO PÚBLICO DE JESÚS

No sorprende que los escribas y los fariseos hostigaran en público a Jesús, y su hostilidad aumentaba a medida que lo oían predicar. Por supuesto, ya que la doctrina de Jesús contradecía muchas de las ideas que ellos recalcaban en su enseñanza, todo aumento en la influencia de él significaba una disminución correspondiente en la de ellos. Además, los líderes de los escribas y los fariseos (junto con los de la secta de los saduceos) habían negociado una clase de tregua con el sistema romano, permitiendo que su organismo conjunto de gobierno, conocido como el sanedrín, retuviera cierta apariencia de autoridad sobre Israel en asuntos espirituales y religiosos, aunque en realidad Roma mantenía el poder político. Por tanto, ellos temían lo que la influencia de Jesús como Mesías de Israel pudiera significar para su feudo espiritual. En consecuencia, «reunieron el concilio, y dijeron: ¿Qué haremos? Porque este hombre hace muchas señales. Si le dejamos así, todos creerán en él; y vendrán los romanos, y destruirán nuestro lugar santo y nuestra nación» (Juan 11.47-48).

Pero no crea que el resentimiento de los escribas y los fariseos lo motivaba solamente las preocupaciones pragmáticas por las consecuencias políticas de la enseñanza de Jesús. Su odio también tenía profundas raíces personales, debido principalmente al modo continuo y embarazoso en que les desenmascaraba en público su hipocresía. Jesús no quiso mostrar respeto artificial por la justicia artificial de ellos; al contrario, la condenó como injusticia (Mateo 23.25). Jesús recalcó en toda oportunidad que el fraude de religión que habían creado los fariseos en realidad no era nada más que una malvada expresión de incredulidad, y advirtió estrictamente al pueblo a no seguir el ejemplo de ellos (v. 3).

Los escribas y los fariseos se creían grandes estudiosos, pero Jesús les castigó una y otra vez por su ignorancia y mala interpretación de las Escrituras, preguntándoles con clara indirecta: «¿No habéis leído...?» (vea, por ejemplo, Mateo 12.3, 5; 19.4; 22.31; Marcos 12.10). Toda la identidad de ellos estaba encerrada en su religión, pero Jesús les dijo francamente que ni siquiera conocían a Dios (Juan 8.47). Es más, los llamó hijos del diablo (v. 44). Les declaró que no conocían el verdadero camino de salvación (Juan 10.26-27), comparándolos con serpientes y advirtiéndoles que estaban en el camino del infierno (Mateo 23.33).

Desde luego que Jesús les dijo todo esto a los escribas y los fariseos con profunda tristeza y sincera compasión (Lucas 19.41-44), pero aun así se los dijo con claridad. No invitó a los fariseos a dialogar con él. No buscó puntos de coincidencia ni trató de congraciarse con ellos en cualquier punto de doctrina en que tuvieran razón. No los movilizó como fuerzas beligerantes en una campaña contra los importantes males morales de la época. En vez de eso, Jesús trazó la línea en la arena más clara y marcada posible entre su evangelio y la justicia propia de los fariseos. Luego invitó a creer en él a todos los que quisieran, y así encontrar redención, incluyendo personas que el sistema de los fariseos

> Jesús trazó la línea en la arena más clara y marcada posible entre su evangelio y la justicia propia de los fariseos. Luego invitó a creer en él a todos los que quisieran, y así encontrar redención.

había maltratado, rechazado y convertido de por vida en marginados y sin esperanza.

EL PUNTO SIN RETORNO

La mayoría de fariseos odiaba a Jesús por esto. Desesperados por desacreditarlo, decidieron persuadir al pueblo que Jesús no era el verdadero Mesías (aun contra el montón de evidencia de lo contrario que suministraban sus milagros), los fariseos declararon públicamente que Jesús recibía poder del mismo diablo. Afirmaron: «Este no echa fuera los demonios sino por Beelzebú, príncipe de los demonios» (Mateo 12.24; compare con Lucas 11.15).

Fue entonces cuando el desprecio de los fariseos por Jesús prácticamente llegó al punto sin retorno. Jesús respondió a la acusación de que sus milagros eran demoníacos mostrando lo irracional del argumento: «Si ... Satanás está dividido contra sí mismo, ¿cómo permanecerá su reino?» (Lucas 11.18). Luego, sin presagiar nada bueno, él expuso una nefasta advertencia acerca de la «blasfemia contra el Espíritu [Santo]» (Mateo 12.31), la cual Jesús describió como el único pecado que nunca tendría perdón.

Este pasaje de la Biblia no es fácil de interpretar, pero como siempre, el contexto inmediato ayuda a clarificar el significado. Jesús expresó: «Al que hable contra el Espíritu Santo, no le será perdonado, ni en este siglo ni en el venidero» (v. 32). Él no hablaba de un pecado que se pudiera cometer por simple ignorancia o sin querer. Al seguir su declaración en el versículo 28, «por el Espíritu de Dios echo fuera los demonios», el artículo definido en el versículo 31 («*la* blasfemia contra el Espíritu Santo») se refiere claramente a la falsa acusación de los fariseos. La mentira sencillamente enfrentada acerca de la fuente de los milagros de Jesús constituía la clase más flagrante de insulto personal contra el Espíritu de Dios, quien era la verdadera fuente de esos milagros.

Este era un pecado para el cual no había perdón. Repito, era imperdonable no porque la gracia de Dios fuera de algún modo insuficiente, sino porque atribuir a Satanás los milagros de Jesús era una falsedad tan deliberada, descarada y malvada que los fariseos no habrían podido inventarla si sus corazones no hubieran estado ya irremediablemente endurecidos.

Mucho antes de este incidente los fariseos habían desdeñado muchas súplicas personales de Cristo para que se arrepintieran (Mateo 4.17; Lucas 5.32; 13.5). Ellos habían rechazado toda clase imaginable de advertencia de parte de Jesús. Además, una y otra vez habían presenciado ante sus propios ojos los muchos milagros del Señor, maravillas sobrenaturales innegables, no trucos de salón. Los fariseos no cuestionaron que hubieran ocurrido esas sanidades. Las señales que Jesús realizó no se podían refutar. Por ende, los fariseos tenían amplia evidencia de la autenticidad de Jesús. También se habían maravillado ante el poder, la claridad y la autoridad con que él hablaba (Marcos 1.22; Lucas 4.36). Seguramente los fariseos no creían *en realidad* que fuera razonable declarar satánicos a los milagros de Jesús. Pero su insistencia en lo contrario era prueba irrefutable de lo totalmente perversos que eran sus corazones y sus motivos.

Los fariseos sostuvieron resueltamente esa mentira, decididos a encontrar cualquier medio con que pudieran mantener o volver a ganar la apariencia de su credibilidad. Intentaron avergonzar a Jesús porque él no seguía ciertas tradiciones humanas que ellos consideraban señales esenciales de verdadera piedad (Lucas 11.37-39). De forma pública e inclemente le volvían a preguntar sobre todo tema que él enseñaba, buscando solo maneras de incriminarlo (vv. 53-54). Trataron de intimidarlo y de sacarlo de la palestra pública, extendiendo rumores sobre amenazas que Herodes había hecho contra la vida de él (13.31). Además lo criticaron reiteradamente por sanar en el día de reposo (13.14; 14.3). En todo esto, *ellos* creían ser los verdaderos representantes de Dios, a quien habían declarado conocer mejor que nadie más.

PUBLICANOS Y PECADORES

Una de las formas clave en que los fariseos reafirmaron su rechazo a Jesús fue poniendo en entredicho su carácter, basándose en con quién se asociaba. Jesús desencadena en Lucas 14 una serie de poderosas advertencias y amonestaciones (motivadas por esta fastidiosa preocupación que tenían los fariseos de tratar de hacerlo quedar mal). Jesús salpica su discurso alentando a quienes (a diferencia de los fariseos) de veras eran receptivos a la instrucción espiritual: «El que tiene oídos para oír, oiga» (14.35).

En ese punto Lucas asevera: «Se acercaban a Jesús todos los publicanos y pecadores *para oírle*, y los fariseos y los escribas murmuraban, diciendo: Este a los pecadores recibe, y con ellos come» (Lucas 15.1-2, énfasis añadido). Seguramente a los fariseos les molestaba en todo caso el recibimiento que Jesús brindaba a los marginados de la sociedad, pero la oposición de ellos en esta ocasión fue la más implacable de todas debido a la osadía con que Jesús ponía al descubierto y condenaba reiteradamente la hipocresía de ellos. Los fariseos no dudaron en pensar que esta sería una oportunidad perfecta de avergonzar*lo* por el cambio. Si esa era su estrategia, difícilmente pudieron haber estado más equivocados.

Un amigo de pecadores

Es importante que Jesús no se enclaustrara entre gente espiritual para evitar el contacto con pecadores y delincuentes. Cuando para oírle acudían a Jesús individuos comunes, rechazados sociales y hasta pecadores reconocidos, él siempre los recibía.

Un escándalo particular provino de la asociación de Jesús con publicanos como Zaqueo (Lucas 19.1-9) y Mateo (Mateo 19.9). Todo verdadero israelita consideraba una abominación la ocupación romana de su tierra, y una de las grandes controversias de la época se refería al asunto de que si Roma tenía derecho de cobrar impuestos (y especialmente si los israelitas estaban obligados a pagarlos. Vea Mateo 22.15-22). Todo judío que aceptaba el trabajo de cobrar impuestos romanos a sus conciudadanos era considerado traidor a su patria, su religión y su pueblo. Además, como los publicanos tenían el poder de establecer de alguna manera arbitraria las cuotas, se podían enriquecer al cobrar porcentajes adicionales que no tenían que entregar a Roma. Los cobradores de impuestos eran por consiguiente conocidos corruptos y odiados en todas partes. Eran totalmente marginados, y considerados como los más bajos de todos los pecadores. De ahí que Jesús escandalizara a toda la sociedad y ultrajara especialmente a los líderes religiosos cuando se relacionó con esa clase de individuos.

Peor aun, Jesús no solo se asociaba informalmente con ellos en ambientes públicos donde estaba enseñando y ellos acudieron a oírle; *comía* con ellos. Se sentaba a sus mesas y ellos a la suya. En la cultura de la época, confraternizar en la mesa con alguien era un privilegio ofrecido solo a amigos, familiares y superiores. Las personas decentes no comían en la misma mesa con pecadores conocidos. Cenar juntos era considerado como aprobación y aceptación

De ahí que la élite religiosa de ese tiempo, ya exasperada porque Jesús no les daba la clase de veneración pública que ansiaban, vieron esto como la perfecta acusación con que finalmente podrían avergonzarlo: «Él no limita su confraternidad y sus participaciones sociales al pueblo de Dios; también está totalmente cómodo con las personas perversas. Regularmente fraterniza con publicanos, prostitutas, marginados. He aquí una prueba irrefutable de que él es satánico: Es *amigo* de pecadores» (compare con Mateo 11.19; Lucas 7.34).

Esa fue la ocasión que provocó la trilogía de parábolas en Lucas 15. Los fariseos parecían muy seguros de pisar elevado terreno moral. *Ellos* nunca se asociarían con la clase de gente con que comía Jesús. Se mantenían lejos de tales individuos porque creían que era la manera de proteger su propia y figurada pureza.

Una misión de redimir pecadores

La objeción que los fariseos formularon contra Cristo era en realidad un eco de una pregunta que le hicieron directamente a principios de su ministerio: «¿Por qué coméis y bebéis con publicanos y pecadores?» (Lucas 5.30). La respuesta de Jesús en esa ocasión debió haber resuelto el asunto y haber hecho avergonzar a los fariseos por su malvada actitud. Desde luego que Jesús no participaba de los pecados de nadie; simplemente llevaba su ministerio a los pecadores más necesitados. Expresó: «Los que están sanos no tienen necesidad de médico, sino los enfermos. No he venido a llamar a justos, sino a pecadores al arrepentimiento» (vv. 31-32).

> Desde luego que Jesús no participaba de los pecados de nadie; simplemente llevaba su ministerio a los pecadores más necesitados.

Esa última frase resalta todo el propósito del ministerio de enseñanza pública de Jesús, y fue un tema que recalcaría una y otra vez, especialmente en sus conflictos con los fariseos: Estaba en una misión de redimir pecadores. Es más, el inicio de las tensiones públicas entre Jesús y los fariseos se puede rastrear hasta el incidente en Lucas 5. Casi al final de su ministerio, exactamente antes de su entrada triunfal (el acontecimiento que pareció desencadenar el punto culminante de las hostilidades de los fariseos), Jesús prácticamente volvió a decir lo mismo: «El Hijo del Hombre vino a buscar y a salvar lo que se había perdido» (Lucas 19.10). Esa simple verdad también sería su respuesta a los fariseos en esta ocasión en Lucas 15. Solo que esta vez les contestaría con parábolas.

Tres parábolas con un tema común

La gruñona indignación de los fariseos porque Jesús se relacionaba con pecadores en esta etapa final de su ministerio revelaba claramente cuán lejos en realidad estaban de la verdad. Las tres parábolas que en respuesta les contó Jesús estaban ingeniosamente diseñadas para ilustrar la malvada condición poco razonable de la perspectiva de los fariseos, y para poner una vez más al descubierto la hipocresía de ellos, de modo que todos la vieran.

A pesar de los diversos estratos y de la prolongada extensión de lo que Jesús contestó a los fariseos, el fundamento de su respuesta es notable por su simplicidad. ¿Por qué comía con pecadores? Porque llena de alegría al Padre celestial salvar pecadores perdidos. Las dos primeras parábolas son breves y sencillas, y las veremos más de cerca en el capítulo que sigue a este. Las dos parábolas se relacionan con encontrar lo que se había perdido. Ambas ilustran las grandes distancias que las personas recorrerían para encontrar sus valiosos objetos perdidos. La enseñanza principal de ambas parábolas trata con el gozo natural que todos experimentamos al encontrar lo que se había perdido.

El punto, desde luego, era mostrar que el resentimiento de los fariseos hacia Jesús era *antinatural*: pervertido, grotesco y depravado. Su muestra pública de indignación contra él era evidencia irrefutable de que sus corazones eran desesperadamente corruptos, y de que ellos no tenían idea de lo que agradaba a Dios.

Las tres parábolas que en respuesta les contó Jesús estaban ingeniosamente diseñadas para ilustrar la malvada condición poco razonable de la perspectiva de los fariseos, y para poner una vez más al descubierto la hipocresía de ellos, de modo que todos la vieran.

Pero fue la tercera parábola, la del hijo pródigo, la que golpeó el punto particular con mayor fuerza. Las dos primeras parábolas describieron gran alegría en el cielo por los pecadores que se arrepienten. La historia del hijo pródigo también ilustra ese gozo celestial, pero luego lo contrapone con el fondo del horrible desagrado del hermano mayor por el regreso del pródigo y por la alegría de su padre.

Jesús desenmascara toda esa fealdad con esta conmovedora y hermosa historia corta. Es, contundentemente, la más grande historia de cinco minutos jamás contada.

2

Anticipo de una amplia perspectiva

Los fariseos y los escribas murmuraban, diciendo: Este a los pecadores recibe,
y con ellos come. Entonces él les refirió esta parábola...

—Lucas 15.2-3

EN LOS PRÓXIMOS CAPÍTULOS CONOCEREMOS INDIVIDUALMENTE A
cada personaje importante en la parábola del hijo pródigo, e intentaremos extraer el mayor conocimiento posible de un cuidadoso examen de cómo Jesús desarrolló hábilmente los roles de estas personas en este drama en miniatura. Pero como preámbulo a esa parte de nuestro estudio, y a fin de tener de entrada una clara perspectiva de la parábola, demos una amplia mirada a la historia en su contexto.

Empezaremos por preguntar qué significa la historia. ¿Qué punto principal quiso resaltar Jesús en su relato? Eso le podría parecer a algunos lectores una forma retrasada de analizar literatura (saltar al punto principal desde el mismo inicio), pero en realidad esta es una buena manera de tratar con parábolas porque, como ya observamos en la introducción, es importante no perder de vista el punto principal al leer e interpretar una parábola.

Además, todas las claves principales respecto del significado de esta parábola vienen del inicio de Lucas 15; por tanto, si simplemente seguimos el texto del relato del evangelio, este es el mejor lugar y más lógico donde empezar. Nuestro análisis posterior y más detenido de los últimos capítulos desarrollará la textura y los matices de la parábola con detalles mucho más intricados y a una luz mucho más brillante. Pero desde luego que el punto principal quedará siempre, y podemos estar mejor encaminados si vemos ese punto desde el principio y no nos desviamos de él al ahondar con más cuidado en los detalles de la historia.

El punto principal: Gozo en el cielo

Como ya empezamos a ver en el capítulo anterior, la enseñanza principal de la parábola del hijo pródigo sobresale muy claramente en el contexto del pasaje que precede a la parábola y la incluye. Cristo describe e ilustra a lo largo de Lucas 15 el gozo apoteósico que inunda al cielo por el arrepentimiento de pecadores. Ese es el tema central y la enseñanza más importante que une todo Lucas 15.

Recordemos que hasta donde sea posible es vital ver esta parábola a través de los ojos de alguien en la cultura del judaísmo del primer siglo. Para la gente de la época, la idea de que Dios aceptaría y perdonaría libremente a pecadores arrepentidos (incluyendo a los peores) era un concepto impactante y revolucionario. Por eso era un escándalo público la costumbre de Cristo de fraternizar de inmediato con esa clase de personas. Casi nadie en esa sociedad podía concebir que Dios se extendiera a los pecadores. La mayoría pensaba que la única actitud del Señor hacia los pecadores era severa desaprobación, y que por consiguiente era deber del pecador arrepentido esforzarse por redimirse y hacer lo posible (principalmente a través de la obediencia legal) para obtener todo el nivel de favor divino que pudiera ganar.

La tendencia en nuestra cultura generalmente es ir al extremo opuesto. Demasiadas personas hoy día dan por sentado el perdón de Dios. Creen que a él le preocupa tan poco el pecado, que cosas como redención, expiación e ira divina son conceptos ingenuos, ordinarios y anticuados.

Ambas perspectivas son muy insuficientes. Dios *está* airado contra el pecado (Salmo 7.11), y *castigará* a los malos con tremenda severidad (Isaías 13.9-13). La Biblia es clara acerca de eso, y es una verdad que pasamos por alto para peligro eterno de la gente. Pero al mismo tiempo el Señor es «misericordioso y clemente, lento para la ira, y grande en misericordia y verdad» (Salmo 86.15). Él está ansioso por perdonar y se deleita en la misericordia (Éxodo 34.6-7; Miqueas 7.18). Más importante, su perdón no está condicionado a algo que hagamos para obtenerlo. Dios justifica total y libremente debido a lo que Cristo hizo por los pecadores. Cristo cumplió toda justicia durante su vida terrenal (Mateo 3.15; 1 Pedro 2.22; Hebreos 7.26), y luego murió en el lugar de aquellos a quienes redimiría (1 Corintios 15.3; 1 Juan 2.2). Puesto que la justicia de Cristo es absolutamente perfecta, y se le imputa al pecador creyente (2 Corintios 5.21), cada pecador que se arrepiente tiene instantáneamente una posición perfecta ante Dios, completa paz con él, y ningún temor de condenación futura… todo desde el primer momento de fe (Romanos 3.25-28; 5.1; 8.1). El término bíblico y teológico que se usa para describir esa realidad es *justificación*. El Señor justifica al impío únicamente mediante la fe (Romanos 4.5).

> Cristo describe e ilustra a lo largo de Lucas 15 el gozo de celebración que llena el cielo por el arrepentimiento de pecadores.

Por tanto, sin perder de vista la realidad de la ira divina contra el pecado podemos celebrar (juntos con Dios mismo) la misericordiosa libertad de la gracia divina, el perdón total, y la completa aceptación del pecador en el mismísimo trono celestial. Todo el ministerio terrenal de Cristo fue la personificación viva de esa verdad, e iba contra todo aquello con que se identificaban los fariseos.

La parábola del hijo pródigo es la parte importante y la culminación de la respuesta de Jesús a esos fariseos resentidos y críticos porque él aceptaba a pecadores y comía con ellos. Según la aborrecida perspectiva de los fariseos, Jesús *confraternizaba* con personas malvadas, y ese era motivo suficiente para que personas justas lo rechazaran. Por supuesto, esa acusación (como muchas de las enseñanzas de los fariseos) era una mentira peligrosa, mortal y demoníaca.

Pero como la mayoría de las mentiras, esta contenía suficiente verdad para ser creíble a un nivel superficial. Era bastante cierto que Jesús estaba deseando tener comunión con pecadores. Constantemente mostró simpatía y comprensión a pecadores, incluso mientras ponía al descubierto la hipocresía de los fariseos. Tomando prestadas las propias palabras de los fariseos (sin el enfoque siniestro que ponían en ellas), Jesús *realmente* era «amigo de publicanos y de pecadores» (Lucas 7.34).

Solo unos cuantos capítulos después de la parábola del hijo pródigo, Lucas relata la historia de Zaqueo, quien era un publicano y conocido pecador. (El mismo Zaqueo admitió que había utilizado su posición para estafar a la gente. Vea Lucas 19.8.) Uno de los hechos sorprendentes de esa narración es que Jesús se invitó a sí mismo a posar en la casa de Zaqueo en Jericó, y lo hizo delante de multitudes de peregrinos de la Pascua que abarrotaban las calles (Lucas 19.5). Todos en la buena sociedad se habrían horrorizado de pensar que un rabino como Jesús, un maestro espiritual, aceptara la hospitalidad de un pecador como Zaqueo, y mucho menos que *buscara* afiliación con él.

Pero aquí se debe hacer una importante distinción: Jesús no tiene trato ni busca confraternizar con pecadores *en su pecado*. La Biblia lo describe como «santo, inocente, sin mancha, apartado de los pecadores» (Hebreos 7.26). Sus contactos con pecadores fueron siempre en el contexto de buscar la salvación de ellos, brindándoles su gracia y misericordia, y concediéndoles perdón. Él los sanó, los limpió, y los liberó de la prisión de culpa y degradación. Sí, por supuesto que Jesús confraternizó con pecadores, pero siempre como Liberador de ellos. Él fue un verdadero Amigo de pecadores, la más auténtica clase de amistad. Les sirvió, se extendió a ellos, y les brindó apoyo en sus vidas. Jesús no afirmó a los pecadores en sus pecados. Todo lo contrario: se dio por completo a ellos para redimirlos de la cruel atadura del pecado.

Como ya hemos visto, a los fariseos les molestó eso en gran manera, porque se esforzaban por cubrir su propio pecado con un espectáculo de religiosidad. Estaban convencidos de su propia superioridad moral. Pero Jesús se negó categóricamente a reconocer o dar crédito a esa falsedad. Él *siempre* respondió mucho más positivamente a los marginados de la sociedad que a los líderes religiosos típicamente presuntuosos. Es más, él insistió constantemente en que los mismos líderes religiosos debían reconocer su pecaminosidad y su necesidad de un Salvador. Por eso cuando incluso un destacado personaje religioso como Nicodemo acudió a Jesús de manera amistosa, su respuesta fue: «Os es necesario nacer de nuevo» (Juan 3.7).

> Jesús no afirmó a los pecadores en sus pecados. Todo lo contrario: se dio por completo a ellos para redimirlos de la cruel atadura del pecado.

El caso de Nicodemo también fue extraordinario. Él era un dirigente fariseo (v. 1), pero tenía un corazón sincero y de humildad inusitada. Aun así, la respuesta que le dio Jesús pareció franca y brusca, y resaltó la necesidad de que Nicodemo naciera totalmente de nuevo... no solo afinación espiritual sino conversión total. El claro mensaje fue un recordatorio de que los fariseos no son menos pecadores que la gente a la que de manera desdeñosa *llamaban* pecadores, como prostitutas, publicanos, ladrones y otros marginados.

Esa fue la respuesta de Jesús al raro fariseo cuyo corazón estaba receptivo. Por otra parte, su respuesta para quienes tenían incorregibles pretensiones de superioridad moral se podría describir acertadamente como brusco rechazo. Jesús rechazó una y otra vez la santurronería de los fariseos con palabras como estas: «Los que están sanos no tienen necesidad de médico, sino los enfermos. No he venido a llamar a justos, sino a pecadores al arrepentimiento» (Lucas 5.31-32).

Por eso los fariseos hicieron lo posible por presentar la comunión con pecadores como algo incorrecto e inmoral, como si Jesús fuera culpable de participar en el pecado mismo. Las palabras de Jesús nos dicen lo que ellos manifestaban acerca de él: «Decís: Este es un hombre comilón y bebedor de vino, amigo de publicanos y de pecadores» (Lucas 7.34). Malinterpretaron de modo total y deliberado que Jesús se involucrara en las vidas de pecadores.

Mientras tanto más y más pecadores se convertían en discípulos de Jesús. Estos incluirían individuos como Mateo, un ex publicano, y Simón, el forajido y Zelote convertido. En realidad, todos los discípulos más íntimos de Jesús fueron ex pescadores... hombres de trabajo, no eruditos religiosos. Según el

> Jesús en realidad era amigo de ellos. Los fariseos tenían razón en eso.

propio testimonio de Pedro, este se consideraba un hombre tan pecador que era indigno de estar en la presencia del Señor (Lucas 5.8). María Magdalena tenía un pasado bastante vergonzoso que incluía posesión de siete espíritus malignos (Lucas 8.2). Así que en realidad el ministerio de Jesús se enfocaba adrede entre individuos generalmente considerados chusma y gentuza.

Jesús en realidad era amigo de ellos. Los fariseos tenían razón en *eso*.

EL RECLAMO DE LOS FARISEOS: JESÚS FRATERNIZA CON PECADORES

Como empezamos a ver en el capítulo uno, este asunto se había vuelto un tema importante y asiduo en los conflictos de Jesús con los fariseos. Era una de las muchas quejas que mantenían sacando contra él, hasta que las objeciones al ministerio de Jesús prácticamente se convirtieron en un triple estribillo previsible: «Quebranta el día de reposo» (Lucas 6.2; 6-11; 13.14; 14.3-6; etc.); «se glorifica a sí mismo» (Juan 5.18; 8.54-58; 10.30-33; etc.); y «fraterniza con delincuentes» (Mateo 9.10-11; 11.19; etc.).

La última parte de este estribillo es lo que provocó el largo discurso que empieza con las tres parábolas de Lucas 15. Observe que Lucas manifiesta: «Se acercaban a Jesús todos los publicanos y pecadores para oírle» (15.1). Ellos llegaban por su propia iniciativa. Además, la *enseñanza* de Jesús era lo que los atraía. Querían oír a este asombroso predicador que afirmaba (y demostraba milagrosamente) que tenía el poder y la autoridad de perdonar pecados (Lucas 5.21-24; 7.48). El mensaje del evangelio —con su promesa de vida nueva, perdón total, y limpieza espiritual— atraía hacia Jesús a quienes estaban alimentados por el pecado.

Sin duda debió haber habido un maravilloso espíritu de gozo y celebración rodeando constantemente a Jesús. Pero no era la clase de atmósfera alocada de espectáculo que describía a los fariseos. Se trataba del gozo puro y celestial de la salvación. Era el sincero regocijo de cautivos liberados: hombres y mujeres que antes vivían como lamentables esclavos bajo una sentencia de muerte espiritual, y que ahora estaban redimidos dentro de una gloriosa libertad y vida eterna. Era una alegría constante e indescriptible. Era un júbilo profundo que trasciende cielo y tierra... y abarca el tiempo y la eternidad. Seguramente no era nada parecido a la aburrida, adusta y engreída dignidad de la religiosidad formal.

A los comerciantes del poder religioso no les gustaba esto. Lucas 15.2 expresa: «Los fariseos y los escribas *murmuraban*, diciendo: Este a los pecadores recibe, y con ellos come». El verbo griego es categórico, y significa que ellos balbuceaban de forma apasionada y persistente, con seguridad difundiendo en secreto su amarga queja entre las multitudes como chisme.

LA INFLUENCIA DE LOS ESCRIBAS Y LOS FARISEOS

Gran parte de la evidencia en los relatos del evangelio insinúan que la oposición y los reclamos constantes de los escribas y los fariseos en realidad *hicieron* disuadir a muchas personas de seguir a Jesús. Después de una confrontación pública con los fariseos en Juan 6, el versículo 66 declara: «Desde entonces muchos de sus discípulos volvieron atrás, y ya no andaban con él». Los fariseos casi lograron además provocar un apedreamiento público de Cristo en Juan 8.59. En realidad, al agitar a las multitudes contra Cristo estaban alejando al pueblo del reino de Dios, cerrando la puerta, y trancándola para todo el mundo... y Jesús los condenó expresamente por eso. En Mateo 23.13 pronunció esta maldición formal sobre ellos: «¡Ay de vosotros, escribas y fariseos, hipócritas! porque cerráis el reino de los cielos delante de los hombres; pues ni entráis vosotros, ni dejáis entrar a los que están entrando» (cf. Lucas 11.52).

Es fácil ver por qué las personas en esa cultura discrepaban seriamente al oír hablar de la oposición de los fariseos. Después de todo, les habían enseñado desde la infancia a considerar a los escribas y los fariseos como sus principales mentores espirituales y los dirigentes expertos de la nación. Por tanto, el odio público de los fariseos hacia Cristo se extendía como un cáncer. Y mientras más enseñanzas de Jesús trataran con temas difíciles o retadores, más personas se volvían hostiles o indiferentes hacia él.

> Mientras más enseñanzas de Jesús trataran con temas difíciles o retadores, más personas se volvían hostiles o indiferentes hacia él.

Juan 6 muestra cómo y por qué la gran mayoría de las personas se alejó finalmente de Cristo, e incluso muchos se volvieron totalmente contra él. Las multitudes lo seguían mientras las alimentaba y hacía otras obras milagrosas, pero no les gustaba su fuerte enseñanza. En realidad, Lucas 14.26-35, el pasaje que precede inmediatamente al intercambio en Lucas 15, incluye algunas de las enseñanzas más fuertemente formuladas de Jesús: acerca de negarse a sí mismo, odiar a padre y madre, y tener en cuenta el costo del discipulado.

Irónicamente, cuando las multitudes autosuficientes, respetables y materialistas empezaron a distanciarse debido a esa clase de enseñanza, es cuando Lucas afirma que se acercaban los publicanos y pecadores. (A propósito, este es un comentario condenatorio sobre las estrategias populares modernas para alcanzar a los rebeldes, los privados de derechos, y los marginados de la sociedad al suavizar el evangelio y resaltar solo sus elementos positivos. Esto expone de algún modo la locura de atraer incrédulos que ya están cómodos en alguna falsa religión, buscando puntos de acuerdo con ellos.)

Sin embargo, a la larga la conspiración de los fariseos de oponerse a Jesús ocasionó precisamente el resultado que ellos esperaban. En cosa de seis meses algunas de las mismas personas que una vez le oían «de buena gana» (Marcos 12.37) pedían su sangre a gritos.

JESÚS RESPONDE CON TRES PARÁBOLAS

Desde luego, Jesús veía claramente lo que pasaba, por lo que contestó el asunto más que definitivamente con un trío de parábolas.

Puesto que todas las parábolas de Lucas 15 plantean exactamente el mismo punto, y las dos primeras son muy breves, podría ser útil examinarlas como un corto preámbulo a la parábola del hijo pródigo. Es con esta última parábola que Jesús pega el duro golpe al cuerpo polémico, y al final el puñetazo fulminante, contra la hipocresía y la maldad de los escribas y los fariseos. Pero las dos primeras parábolas organizan esa descarga con un par de punzadas relativamente suaves.

La oveja perdida

La primera parábola pinta una imagen pastoral muy simple y conocida.

¿Qué hombre de vosotros, teniendo cien ovejas, si pierde una de ellas, no deja las noventa y nueve en el desierto, y va tras la que se perdió, hasta encontrarla? Y cuando la encuentra, la pone sobre sus hombros gozoso; y al llegar a casa, reúne a sus amigos y vecinos, diciéndoles: Gozaos conmigo, porque he encontrado mi oveja que se había perdido. Os digo que así habrá más gozo en el cielo por un pecador que se arrepiente, que por noventa y nueve justos que no necesitan de arrepentimiento (vv. 4–7).

Las ovejas eran tan comunes en esa cultura que prácticamente toda la audiencia de Jesús se habría sintonizado al instante con las imágenes. Aquí estaba un pastor que perdía una oveja de un rebaño de cien. ¿Qué debería hacer?

Todos sabían la respuesta. Generalmente las ovejas no son pensadoras independientes. Su inclinación natural es permanecer juntas en manadas. Si una se perdía, solía ser por pura estupidez o torpeza del animal. Quizás la oveja perdida se metió en una saliente de la cual no se podía librar, o de algún modo no vio cuando se alejó el resto del rebaño.

Sea como sea, la oveja perdida estaba en peligro mortal. Una oveja separada del rebaño, y vagando por su cuenta en el desierto, *iría* a morir, incluso con abundante alimento y agua a su alrededor. Solo es cuestión de tiempo hasta que la oveja sucumba a la tensión de estar separada del rebaño, de la amenaza de depredadores, o de la exposición a los elementos. Cualquiera de estas cosas, o todas, podrían ser fatales en poco tiempo.

De ahí que el deber del pastor sería dejar su rebaño reunido en un lugar seguro e ir en busca de la oveja perdida. Buscaría diligentemente el cordero caprichoso, y al encontrarlo lo llevaría gozoso a casa.

Hay una imagen de compasión y una ilustración de gracia divina en el modo en que el pastor «la pone sobre sus hombros» y la lleva a casa. No le pega ni reprende a la oveja errante. Ni siquiera la deja que vaya a casa en sus propias patas. La levanta y la carga, y lo hace lleno de alegría y no con ira o exasperación. Es más, en el relato de Jesús el pastor está tan alegre por haber encontrado la oveja, que reúne a sus amigos y vecinos para celebrar.

Esta clase de festejo representa a la perfección el gozo desbordante que caracterizó el ministerio terrenal de Jesús hacia los pecadores. Se trata de un gozo que no se puede contener. También es contagioso. ¿Quién no querría unirse a esa fiesta?

Sin embargo, lo más asombroso acerca de la parábola es que Jesús no estaba trazando solo un paralelo entre el feliz pastor y el gozo que ocurría en su ministerio terrenal. Expresamente dijo que la parábola representa el gozo del *cielo*: «Os digo que así habrá más gozo en el cielo por un pecador que se arrepiente, que por noventa y nueve justos que no necesitan de arrepentimiento» (v. 7). He aquí lo importante: ese gozo de celebración que rodeaba constantemente el trato de Jesús con pecadores (el mismo espíritu de júbilo que molestaba tan amargamente a los fariseos y que estos trataban de calificar de jolgorio ignominioso), ese es el mismo ambiente que usted encontrará en el cielo cada vez que un pecador se arrepiente. En realidad es el gozo del mismo Dios.

Es más, Jesús dijo que el gozo de Dios por la redención de un solo pecador es mucho *más grande* que el que habría por noventa y nueve justos «que no necesitan de arrepentimiento» (Lucas 15.7). Por supuesto, en realidad no existen tales personas, pero así es como tendían a pensar de sí mismos los fariseos. Antes de terminar este capítulo contestaremos la pregunta de a quién se refería Jesús cuando habló de personas «que no necesitan de arrepentimiento». Pero el punto que estaba resaltando aquí empieza con la actitud del Señor hacia pecadores *arrepentidos*.

La parábola de la oveja perdida describía una imagen asombrosa y alucinante para la mayoría de los oyentes de Jesús. Ellos sabían (mucho mejor que el común de las personas de hoy) cuánto aborrece Dios el pecado. Entendían (en una forma que la mente posmoderna ha olvidado a propósito) que «Dios es juez justo, y Dios está airado contra el impío todos los días» (Salmo 7.11). Ellos tenían una clara comprensión de la justa ira del Creador contra el mal.

Pero el ministerio de Jesús encarnó una verdad que estaba más allá de la comprensión de la mayoría de las personas: El Señor recibe a los pecadores arrepentidos con puro gozo y felicidad. No responde al arrepentimiento del pecador con reproche, disgusto o iracundas exigencias de retribución. Él recibe con mucho gusto a los pecadores.

Es más, lejos de castigar al pecador que regresa, o de exigir alguna clase de penitencia o expiación personal como pago por esos pecados pasados, el Salvador hace una fiesta celestial en honor del pecador que vuelve. Así como hizo el pastor en la parábola de Jesús.

> El ministerio de Jesús encarnó una verdad que estaba más allá de la comprensión de la mayoría de las personas: El Señor recibe a los pecadores arrepentidos con puro gozo y felicidad.

A propósito, uno de los primeros símbolos del arte cristiano, incluso antes de que la cruz fuera adoptada como símbolo principal del cristianismo, era la imagen de un pastor cargando una oveja en la nuca con las patas del animal colgándole por los hombros. Este era un reflejo de la famosa descripción del Antiguo Testamento que anticipaba al Mesías de Israel: «Como pastor apacentará su rebaño; en su brazo llevará los corderos, y en su seno los llevará; pastoreará suavemente a las recién paridas» (Isaías 40.11).

Por consiguiente, he aquí una imagen perfecta de la gracia divina: el pastor en esta corta parábola *hace* todo el trabajo. Busca y encuentra a la oveja perdida, y luego la lleva a casa en los hombros. Habiendo hecho eso, él está tan rebosante de alegría y júbilo que solo un festejo público lo expresará.

La segunda parábola resalta el mismo punto.

La moneda perdida

Sin esperar una respuesta a su primera parábola, Jesús continúa con su segunda ilustración.

¿O qué mujer que tiene diez dracmas, si pierde una dracma, no enciende la lámpara, y barre la casa, y busca con diligencia hasta encontrarla? Y cuando la encuentra, reúne a sus amigas y vecinas, diciendo: Gozaos conmigo, porque he encontrado la dracma que había perdido. Así os digo que hay gozo delante de los ángeles de Dios por un pecador que se arrepiente (Lucas 15.8–10).

La trama y la enseñanza son prácticamente idénticas a la primera parábola. Solo han cambiado el entorno y el personaje principal. Ahora se trata de una mujer que posee diez valiosas monedas, pero pierde una. Tan ávida está de encontrar la moneda perdida que enciende una lámpara (para poder rebuscar en todos los rincones oscuros) y barre toda su casa (para que su búsqueda no pase por alto un solo centímetro, incluyendo lo que hay debajo de los muebles). Aquí el énfasis está en la meticulosidad y la persistencia de la búsqueda. Ella «busca con diligencia hasta encontrarla» (v. 8).

Luego la mujer, como ocurrió con el pastor en la primera parábola, está tan feliz de recuperar lo que había perdido que hace partícipes de las buenas nuevas a todas sus amigas y vecinas. Una vez más, la enseñanza es acerca del gozo de ella: felicidad rebosante. La mujer estaba sobrecogida por una satisfacción tan rica y maravillosa que *debió* expresarla a todos sus conocidos.

En estas dos parábolas Jesús utilizó descripciones que se pueden relacionar con facilidad. ¿Quién no ha experimentado la alegría de encontrar un bien muy preciado que se había perdido? Estas son perspectivas de la vida real que podemos relacionar fácilmente, incluso en nuestro contexto cultural contemporáneo.

La única característica de esas dos historias que parece exagerada es la celebración. La mayor parte de los individuos que encuentran una moneda perdida o un animal perdido en realidad no se molestan en llamar a los amigos o vecinos, ni en hacer fiesta pública para regocijarse. Pero el sentido de júbilo tendría que ser verdaderamente profundo para que alguien se ponga de veras a reunir amigos y vecinos para hacerlos partícipes de la fiesta.

> El gozo en el cielo por la redención de pecadores es una clase de júbilo frenético, eufórico y exagerado.

Y ese es precisamente el punto de Jesús. El gozo en el cielo por la redención de pecadores es una clase de júbilo frenético, eufórico y exagerado.

En realidad esa es la propia respuesta de Dios siempre que un pecador se convierte. Observe que Jesús no habla del «gozo *de* los ángeles» sino del «gozo delante de los ángeles» (v. 10) y del «gozo en el cielo» (v. 7). Se trata de la alegría del Salvador mismo. Igual que el pastor que encontró la oveja y la mujer que encontró la moneda, el Buen Pastor quiere hacer participar su alegría por la salvación de pecadores con todos y con cada uno de los que se regocijarán con él.

OPOSICIÓN AQUÍ EN LA TIERRA

De ahí que el rencor de los fariseos fuera un insulto para Dios. Era blasfemia de la peor clase. Jesús resaltó *ese* punto al presentarles el hijo pródigo. El hermano mayor en este relato simboliza a los fariseos. Su resentimiento, que contrasta crudamente con el gozo del padre, era un reflejo exacto de la mentalidad de los fariseos.

Jesús usaba frecuentemente parábolas para ocultar verdades a los incrédulos (Lucas 8.10). Pero la parábola del hijo pródigo, como veremos, describía la fealdad de la actitud de los fariseos con un realismo tan vívido que posiblemente todos lo entendieron.

La parábola del hijo pródigo continúa el mismo tema de las dos parábolas anteriores, y tiene una trama muy parecida. Hemos oído de la recuperación de una oveja y de una moneda perdidas. Aquí está ahora la recuperación de un hijo perdido. En cada parábola se encuentra algo que se había perdido, y a eso le sigue una gran celebración.

> La parábola del hijo pródigo, como veremos, describía la fealdad de la actitud de los fariseos con un realismo tan vívido que posiblemente todos lo entendieron.

El simbolismo central es análogo en todas las tres parábolas. Cada una ilustra el gozo de Dios por recuperar un pecador perdido. Cada parábola tiene también un personaje que representa a Cristo, cuya misión es buscar y salvar a los perdidos. En la primera, el pastor simboliza a Cristo; en la segunda, la mujer toma ese papel; y en la historia del hijo pródigo, se trata del padre. (Tenga presente ese hecho. Es común suponer que el padre del pródigo representa al Padre celestial, pero la analogía de estas tres historias sugiere que este en realidad es un símbolo de Cristo. El significado total de ese punto se clarificará en el epílogo.

Unas cuantas características notables marcan esta parábola. Primera, es la única de las tres parábolas donde Cristo no aparece activamente buscando e indagando. (Su búsqueda se insinúa fuertemente por el hecho de que el padre vio al hijo «cuando aún estaba lejos».) Pero aquí la perspectiva es distinta. Las dos primeras historias resaltan el papel de Cristo como quien busca: el que encuentra y se regocija. Pero la tercera historia enfoca la conversión desde la perspectiva del pecador, recalcando el rechazo, la ruina, el arrepentimiento y la recuperación del pródigo.

Es más, esa es otra característica exclusiva de esta parábola. Es la única de las tres que ilustra el arrepentimiento del pecador. Pero lo hace con una maravillosa meticulosidad, dándonos quizás el ejemplo más excelente en el Nuevo Testamento de cómo es el verdadero arrepentimiento.

Sin embargo, la diferencia más lógica e importante entre esta parábola y las dos que la preceden inmediatamente es el impactante cambio de trama que se realiza justo cuando creemos que termina la historia. El hijo pródigo regresa. El padre hace una gran fiesta. Allí es donde finalizaron las dos historias anteriores: cuando se encontró lo que se había perdido.

> Es común suponer que el padre del pródigo representa al Padre celestial, pero la analogía de estas tres historias sugiere que este en realidad es un símbolo de Cristo.

Pero esta historia continúa, y nos topamos con el personaje que simboliza a los escribas y los fariseos: el hermano mayor del hijo pródigo. Él entra en escena, resentido por la fiesta, crítico del gozo del padre, tan enfocado totalmente en sí mismo y en sus logros que es absolutamente incapaz de regocijarse con el padre por el regreso de su hermano perdido. La actitud del hermano mayor está en marcado contraste con el gozo que fue la característica principal en las tres parábolas hasta este punto. He aquí el punto contrastante que Jesús estaba planteando a lo largo de todo esto. Esta parábola es una reprimenda por la actitud de los líderes religiosos, a quienes les molestaba el ministerio de Jesús, el cual se hacía para el gozo de Dios.

El punto es poderoso de verdad si usted se puede imaginar cómo los escribas y los fariseos debieron haber oído estas parábolas. Hasta el momento crucial en que Jesús presenta el sorprendente perdón del padre, ellos muy bien pudieron haber escuchado las tres parábolas con comprensión, asintiendo con sus cabezas. ¿Quién no entiende la alegría de encontrar lo que se ha perdido? Los líderes religiosos se podían relacionar con esas historias tan fácilmente como todos los demás. Las descripciones de Cristo los habrían involucrado. Pudieron haber escuchado con interés y cierto nivel de comprensión. Ellos se creían moralistas con elevados valores, y la ética en estas historias era más bien franca y no controversial.

Sin embargo, la *teología* de estas historias estaba en cierto modo velada... hasta que apareció el hermano mayor. Entonces se clarificó que la parábola estaba diseñada para mostrar en su verdadera luz el implacable desprecio de ellos por los pecadores. Jesús estaba poniendo al descubierto el error del complejo de superioridad moral de los fariseos, contrastando su desprecio por los pecadores con el espíritu de compasión divina que estaba presente en todo el ministerio terrenal de Jesús. Él comenzó la parábola formulando un principio ético al que los fariseos expresarían naturalmente su conformidad, y luego lo utilizó como un cuchillo para analizar minuciosamente las graves deficiencias en la teología de los fariseos: su percepción de Dios, y su actitud hacia otras personas. La fealdad de la hipocresía y la pretensión de superioridad moral de los fariseos quedaron por consiguiente al descubierto para que todos la vieran. Esta fue para ellos otra devastadora humillación pública.

> Esta parábola es una reprimenda por la actitud de los líderes religiosos, a quienes les molestaba el ministerio de Jesús, el cual se hacía para el gozo de Dios.

Por cierto, la referencia en Lucas 15.7 a «justos que no necesitan de arrepentimiento» era una alusión a los fariseos. Jesús no estaba sugiriendo que ellos fueran verdaderamente justos o que en realidad no debían arrepentirse. Exactamente todo lo contrario. Pero la frase describe cómo se veían los fariseos a sí mismos. Cristo los reprendió a menudo por esta actitud. En Lucas 5.31-32 les dijo: «Los que están sanos no tienen necesidad de médico, sino los enfermos. No he venido a llamar a justos, sino a pecadores al arrepentimiento». Eso significaba una severa reprensión y un rechazo a su arrogante actitud; él no estaba sugiriendo que en realidad estuvieran haciendo bien por su cuenta.

En Lucas 18.9, «a unos que confiaban en sí mismos como justos, y menospreciaban a los otros, [Jesús] dijo también» una parábola. Se trataba de una historia acerca de un fariseo y un publicano (un cobrador judío de impuestos para el gobierno romano), en que el fariseo mira con recelo al publicano arrepentido, y tiene la audacia de agradecer a Dios porque él, el fariseo, no es un pecador tan perverso. Esa era la típica perspectiva de los fariseos.

> Jesús contó la historia del hijo pródigo principalmente para bien de los fariseos, y como reproche para ellos.

Es más, inmediatamente después de que Lucas concluye su explicación de la serie de parábolas que empezaron con la oveja perdida, informa que Jesús reprendió claramente a los fariseos, en una forma que resumía el punto principal de las parábolas: «Vosotros sois los que os justificáis a vosotros mismos delante de los hombres; mas Dios conoce vuestros corazones; porque lo que los hombres tienen por sublime, delante de Dios es abominación» (Lucas 16.15).

Ese es el gran significado general de lo que ocurre en esta parábola. Jesús contó la historia del hijo pródigo principalmente para bien de los fariseos, y como reproche para ellos.

Un punto que queda tácito: La verdadera redención en Cristo

De todos modos la parábola contiene una aplicación y un mensaje a los que cada uno de nosotros debe prestar atención. Esto no nos haría cometer el mismo error de los fariseos. La Biblia no nos da lugar para permanecer a distancia, mirando desdeñosamente a los fariseos y agradeciendo a Dios porque no somos como *ellos*.

Es más, una de las implicaciones claras de la historia es que *nadie* está exento de la necesidad de arrepentimiento. Si los fariseos debían arrepentirse, a pesar de su obsesión con los mínimos detalles de la ley ceremonial, ¿cuánto más debemos nosotros arrepentirnos por no tomar la santidad de Dios tan seriamente como deberíamos?

Observe que Jesús no reprende a los fariseos por contar pequeñas semillas para diezmar; los reprendió por usar esa clase de asuntos como capa para ocultar su falla relacionada con los aspectos *morales* más importantes de la Ley. Les dijo: «Diezmáis la menta y el eneldo y el comino, y dejáis lo más importante de la ley: la justicia, la misericordia y la fe. *Esto era necesario hacer, sin dejar de hacer aquello*» (Mateo 23.23, énfasis añadido).

Si usted puede oír la parábola del hijo pródigo sin identificarse personalmente está haciendo caso omiso al punto tácito del mensaje de Jesús, que es el llamado a arrepentirse, y que se aplica por igual a hijos pródigos (pecadores inmorales y marginados) y fariseos (hipócritas morales y respetables). Tanto el punto como el contraste de la parábola resaltan esta idea. Por una parte, vemos cómo arrepentirse desencadena gozo en el cielo. Por otra parte, aprendemos que negarnos a ver nuestra propia necesidad de arrepentimiento solo es terquedad y oposición santurrona a la programación del cielo. Por tanto, la parábola exige arrepentimiento de hijos pródigos y de fariseos.

La promesa de redención para pecadores arrepentidos va de la mano con esa verdad. En estas vívidas imágenes de alegría profunda en el cielo siempre que se recupera algo que se había perdido, hay una petición no expresada pero totalmente misericordiosa. Nos recuerda las tiernas palabras de Jesús en Juan 6.37: «Al que a mí viene, no le echo fuera».

Aplicación personal:
¡No espere hasta que sea demasiado tarde!

A medida que comenzamos un estudio más detallado de la parábola, de su trama, y de sus personajes, le animo a usar la lectura de este libro como una oportunidad para hacer un examen personal serio y sincero. Si es nuevo en la fe cristiana, la parábola del hijo pródigo es un excelente lugar de inicio para estudiar la Palabra de Dios y aprender a aplicar sus verdades. Y aunque usted haya sido miembro de una iglesia por muchos años, le beneficiará enormemente el ejercicio.

Una de las importantes lecciones que aprenderemos del ejemplo negativo del hermano mayor y de la terca santurronería de los fariseos es que es posible pasar toda la vida en una casa de fe, dando apariencia de trabajo diligente y de servicio fiel, y sin embargo estar totalmente fuera de armonía con el gozo en el cielo. Si hay alguna posibilidad de que esa sea su condición, amado lector, no espere a descubrirla hasta que sea demasiado tarde para aplicar el remedio.

Parte 2
El hijo pródigo

Un hombre tenía dos hijos; y el menor de ellos dijo a su padre: Padre, dame la parte de los bienes que me corresponde; y les repartió los bienes. No muchos días después, juntándolo todo el hijo menor, se fue lejos a una provincia apartada; y allí desperdició sus bienes viviendo perdidamente. Y cuando todo lo hubo malgastado, vino una gran hambre en aquella provincia, y comenzó a faltarle. Y fue y se arrimó a uno de los ciudadanos de aquella tierra, el cual le envió a su hacienda para que apacentase cerdos. Y deseaba llenar su vientre de las algarrobas que comían los cerdos, pero nadie le daba. Y volviendo en sí, dijo: ¡Cuántos jornaleros en casa de mi padre tienen abundancia de pan, y yo aquí perezco de hambre! Me levantaré e iré a mi padre, y le diré: Padre, he pecado contra el cielo y contra ti. Ya no soy digno de ser llamado tu hijo; hazme como a uno de tus jornaleros. Y levantándose, vino a su padre.

—Lucas 15.11–20

3

Su desvergonzada exigencia

El menor de ellos dijo a su padre:
Padre, dame la parte de los bienes que me corresponde.

—Lucas 15.12

AHORA ESTAMOS LISTOS PARA PRESTAR CUIDADOSA ATENCIÓN A LOS personajes, los puntos de la trama, y los detalles que Jesús recalcó al narrar la parábola del hijo pródigo.

El Señor presenta los personajes principales en el primer versículo: «Un hombre tenía dos hijos» (Lucas 15.11). A medida que se desenvuelve la historia, el enfoque cambia de un personaje al otro. El hijo menor, el pródigo, es el enfoque principal al principio (vv. 12-20). Pero luego a mitad de la historia el padre toma el papel central (vv. 20–24), y después el hermano mayor (vv. 25–31). La parábola se divide de modo natural en estas tres secciones, y a medida que Jesús desarrolla el relato, el argumento da un giro sorprendente con cada cambio de enfoque. El hilo de pensamiento y las expectativas del típico oyente se juntan por primera vez con cada cambio sucesivo en el guión.

Al principio de la parábola el hijo menor aparece con el papel de sinvergüenza como el personaje principal. Sin embargo, en la sección de clausura se muestra al hermano *mayor* como el verdadero villano. A medida que el enfoque de la historia cambia hacia el hermano mayor, de su ejemplo negativo aprendemos la enseñanza principal de la parábola.

Hay quienes sugieren que un mejor nombre para la parábola sería «El hermano mayor santurrón», o algo parecido. Otros han propuesto títulos que se enfocan en la misericordia y el perdón del padre (como «Parábola del padre perdonador»). Pero es difícil creer que algún título haría justicia a la total extensión de verdad que Jesús revela en esta corta historia.

La forma tripartita de esta parábola es deliberada e ingeniosa. Resalta tres ideas importantes en rápida sucesión, todas ellas relacionadas íntimamente con el tema central de Lucas 15: el gozo del cielo cuando se arrepiente un pecador. El hijo pródigo es una enseñanza objetiva acerca del arrepentimiento. El padre personifica el gozo del cielo. Y el amargado hermano mayor está en marcado contraste con esas dos ideas. Él es la personificación de las pretensiones de superioridad moral de los fariseos y de su consecuencia natural: infame resentimiento por la gracia y la bondad de Dios hacia otras personas.

> El hijo pródigo es una enseñanza objetiva acerca del arrepentimiento.

Comencemos, como hizo Jesús, enfocándonos en el hermano menor: el mismísimo hijo pródigo.

Vale la pena detenernos a observar el origen de ese nombre. La palabra *pródigo* no aparece en la RVR60. Es una palabra muy antigua que expresa derroche o despilfarro atolondrado. Prácticamente ha caído en desuso en el castellano moderno, a no ser con referencia a esta parábola. En

> La idea principal de la palabra *pródigo* es de despilfarro, falta de moderación, exceso y libertinaje.

46

ocasiones se utiliza para referirse a hijas o hijos volubles. Pero en sí no significa juventud rebelde o que falta a clases. La idea principal de la palabra *pródigo* es de despilfarro, falta de moderación, exceso y libertinaje.

La palabra *se* usa en Lucas 15.13, RVR60, donde se nos dice que este hermano menor «desperdició sus bienes viviendo perdidamente». Aquí la palabra griega es *asôtôs*, que significa «despilfarro», pero no se imagine que la falla dominante del pródigo fue simplemente ser un despilfarrador. Como veremos pronto, la expresión griega es mucho más enérgica que eso, pues transmite fuerte trasfondo de vida licenciosa, promiscuidad y libertinaje moral.

El muchacho es una ilustración clásica de un joven indisciplinado que derrocha la mejor parte de su vida a través de despilfarros en abusos personales, y que se vuelve esclavo de su propia lujuria y pecado. Él es una imagen viva del proceso del pecado y del modo en que degrada inevitablemente al pecador.

LA ASOMBROSA INSOLENCIA DEL REBELDE

Quizás la sola introducción del relato de Jesús fue suficiente para provocar una exclamación de los escribas y los fariseos: «El menor de ellos dijo a su padre: Padre, dame la parte de los bienes que me corresponde» (vv. 11-12). La petición del joven, como la describió Jesús, era vergonzosa y descarada, y deshonraba en gran manera al padre.

La descripción que Jesús hace es de un joven, según parece todavía soltero,

> Todo lo relacionado con la exigencia del muchacho iba en contra de los valores principales de la sociedad hebrea.

porque quiere ir y hacer lo que le da la gana. Tal vez estaba en la adolescencia y obviamente lleno de insolente irrespeto hacia su padre. Su petición de una herencia antes de tiempo deja ver que su desafío muestra un corazón duro y malvado, y con una pasión profundamente arraigada. Cualquiera que conozca la cultura del Medio Oriente notaría esto al instante (y para la mayoría sería demasiado repugnante), porque todo lo relacionado con la exigencia del muchacho iba en contra de los valores principales de la sociedad hebrea.

Desprecio por su herencia

Para empezar, la actitud del hijo menor relacionada con su herencia estaba totalmente fuera de lugar. Desde los primeros días de Israel, las leyes que determinaban el paso del patrimonio familiar de generación en generación estaban entre los principios culturales más importantes y característicos dispuestos en la Ley de Moisés. Las tierras y posesiones familiares no se podían vender ni traspasar fuera de la línea familiar. En casos extremos en que la tierra se *debía* vender para evitar una quiebra desastrosa, la Ley incluso estipulaba la garantía de una posible devolución de esa propiedad a su familia legítima durante los años de jubileo (Levítico 25.23-34).

Todos entendían muy bien el deber de conservar intacto el legado personal. Esto se ve en la indignación de Nabot cuando Acab quiso comprar su viña familiar para convertirla en un huerto de legumbres adyacente al palacio real. Nabot exclamó: «Guárdeme Jehová de que yo te dé a ti la heredad de mis padres» (1 Reyes 21.3). Esa perspectiva estaba profundamente arraigada en el sistema de valores de Israel, remontándose a cuando «Abraham dio todo cuanto tenía a Isaac» (Génesis 25.5).

El traspaso de la herencia familiar en Israel lo determinaba un principio conocido como *ley de primogenitura*. Significaba que el primer hijo recibiría una porción doble del legado familiar. Solo en raras y extraordinarias ocasiones se daba la doble porción a un hijo menor, como cuando Isaac se convirtió en el único heredero de Abraham en lugar de Ismael, o cuando Jacob obtuvo de Esaú el derecho de primogenitura. Pero normalmente el derecho pasaba al hijo mayor.

Deuteronomio 21.15-17 reconoce la legitimidad e importancia de esta costumbre. (Ese texto prohíbe la transferencia de primogenitura a un hermano menor para poner freno a favoritismos pecaminosos.) La primogenitura no solo incluía esa cantidad extra de riqueza sino también la responsabilidad de ser cabeza sobre todo aquel que quedaba en la familia inmediata al morir el padre. La mayor parte de la tierra y las posesiones de una familia, y el núcleo de la familia misma, se mantenían por consiguiente intactos de generación en generación.

A los hijos menores no se les privaba de sus derechos. También recibían una parte justa de la herencia. Se beneficiaban enormemente, en un sentido importante, de los principios económicos establecidos por la ley de primogenitura. En vez de subdividir despiadadamente una propiedad familiar y los activos de cada generación (o de gravar con el olvido la herencia de todos), la práctica otorgaba a los hijos primogénitos la base económica para añadir, y por tanto establecer un núcleo familiar más fuerte. Eso a su vez también brindaba apoyo y estabilidad a los hijos menores. El sistema estaba diseñado para aumentar toda la riqueza.

Está clarísimo que el hijo menor en la parábola de Jesús no tenía ni pizca de gratitud en su corazón por el legado que generaciones de sus antepasados habían provisto para su padre, y un día para él. Tenía escasez tanto de paciencia como de disciplina. Peor aun, todas las apariencias indican que no poseía ningún amor auténtico por su padre.

Deshonra para su padre

Este quizás era el aspecto más inquietante de la conducta del hijo pródigo. Para que un hijo en esa cultura exigiera su herencia antes de hora casi equivalía a decir: «Papá, desearía que estuvieras muerto. Obstaculizas mis planes. Eres una barrera. Quiero mi libertad. Anhelo mi realización. Y quiero estar ahora mismo fuera de esta familia. Tengo otros planes en que no tienes nada que ver; planes que no involucran a esta familia ni esta propiedad, y ni siquiera esta aldea. No quiero tener nada que ver contigo. Dame mi herencia ahora mismo, y me voy de aquí».

> Para que un hijo en esa cultura exigiera su herencia casi equivalía a decir: «Papá, desearía que estuvieras muerto».

En una cultura donde la honra era muy importante, y el quinto mandamiento («Honra a tu padre y a tu madre») era una ley categórica, la desfachatez de este joven era peor que simplemente un escándalo. Cualquier hijo que hiciera una solicitud tan chocantemente inadecuada a un padre próspero se habría considerado como la forma más vil de trasgresión. Él no tenía la prerrogativa de exigir su herencia antes de tiempo. Esto no solo implicaba que él querría que su padre estuviera muerto; en realidad estaba cometiendo con conocimiento de causa una clase de suicidio filial simbólico. Cualquier hijo que hiciera una petición tan descarada podría esperar que su padre lo declarara muerto. Es obvio que eso le importaba poco a este hijo insensato. Es más, eso le habría dado la libertad que deseaba. Si él lograba tener antes de tiempo la herencia para rematarla, mucho mejor.

A propósito, la respuesta normal en esa cultura a este nivel de atolondramiento sería como mínimo una tremenda bofetada en el rostro por parte del padre. Típicamente esto se habría hecho en público para avergonzar al hijo que hubiera mostrado tal desprecio por el padre. (Si eso parece demasiado severo, tenga en cuenta que la Ley de Moisés prescribía muerte a pedradas para hijos incorregiblemente rebeldes [Deuteronomio 21.18-21].) Por tanto, se podría esperar que a un hijo culpable de deshonrar a su padre hasta este punto se le despojara de todo lo que tenía, y luego se le expulsara de la familia. Se le consideraría muerto. Así era de grave esta infracción. En realidad, eso es lo que se reflejó cuando el hijo pródigo regresa y el padre dice: «Este mi hijo muerto era» (v. 24). El padre lo vuelve a decir al hermano mayor: «Este tu hermano era muerto» (v. 32). En esa época y ese lugar era frecuente realizar un funeral por un hijo que abandonara de esta manera insolente la casa y la familia. Aun en la actualidad a veces los padres en familias estrictas judías hacen una «kaddish» (recitación formal de una oración por los muertos) por un hijo o una hija a quien se ha repudiado por esta clase de conducta.

Una vez repudiado por un padre, casi es imposible que un hijo rebelde regrese y vuelva a alcanzar su posición en la familia. Si de todos modos quería regresar debía hacer restitución por cualquier deshonra causada a la familia y devolver todas las posesiones que se pudo haber llevado. Aun entonces podría perder muchos de los derechos que antes disfrutaba como miembro de la familia. Sin duda tendría que olvidarse de que en algún momento recibiría alguna herencia adicional.

Las líneas del honor familiar eran claras para todos en la sociedad. El padre era la cabeza de la lista, generalmente con la madre a su lado. Después venía en orden de honra el hermano mayor, y los hermanos menores al final de la lista.

De ahí que es obvia la jerarquía en la parábola de Jesús. Al padre, como patriarca de la familia, se le debía dar la mayor honra. No hay indicios de la madre, por lo que quizás el padre era viudo, lo cual significaría que él y los dos hijos eran el núcleo de esta casa, con siervos que los trataban con honra. Sin embargo, se esperaría que el hijo menor no solo honrara al padre sino también al hermano mayor. Tal vez le había molestado su posición en la familia, pensando que quizás no era mucho mejor que la de los criados de la casa.

Cualquier cosa que pasara por su mente, el muchacho o parecía inconsciente de su propia vergüenza o esta no le preocupaba en absoluto.

> El muchacho o parecía inconsciente de su propia vergüenza o esta no le preocupaba en absoluto. ¿Y si su conducta deshonraba a toda la familia?

¿Y si su conducta deshonraba a toda la familia? Tan pronto como tuviera su herencia dejaría atrás la casa, la familia y el país, y se iría a una provincia apartada donde de todos modos nadie lo conocería. Luego quedaría libre al menos para hacer lo que quisiera.

Jesús difícilmente pudo haber pintado un panorama que representara mayor vergüenza. Dada la estructura social de Israel, esto era lo más vil que podría hacer un hijo.

Exigencia de los derechos de nacimiento

La forma en que el hijo pródigo hace su reclamación fue cruel y despiadada: «Padre, dame la parte de los bienes que me corresponde» (Lucas 15.12).

La expresión griega traducida «parte de los bienes» no se encuentra en ninguna otra parte de la Biblia. No es la palabra griega normal para *herencia*. No es un término que normalmente se aplicaría a bienes raíces, activos o cualquier cosa puesta de modo permanente en la propiedad familiar. En vez de eso, se trata de una palabra que sugiere objetos de valor personal, en especial bienes muebles y activos líquidos. Literalmente significa «mi parte de las pertenencias familiares». El hijo estaba exigiendo que se inventariaran y se distribuyeran antes de tiempo los bienes de la casa paterna, y las varias posesiones materiales.

Desde luego, esta sugerencia era poco práctica y atrevida. Al seguir la ley de primogenitura en cualquier familia de dos hijos, un tercio de todos los bienes familiares pasarían al hijo menor *cuando el padre muriera*. Exigir la tercera parte de los bienes mientras el padre vivía era absurdo e irrazonable.

Era dudoso que el hijo pródigo esperase que su padre cumpliera esa exigencia. No importa. Felizmente aceptaría que le dieran monedas y notas bancarias. Sin duda estaba dispuesto a conformarse con mucho menos que el valor justo de su herencia en el mercado. A las claras, su único plan era agarrar lo que pudiera en sus manos e irse de casa lo más pronto posible. No le interesaba ninguna parte del legado familiar a largo plazo. Una porción de la propiedad y los bienes de la familia solamente lo atarían; básicamente su pedido era dinero en efectivo.

En realidad, el hijo pródigo estaba ofreciendo vender sus derechos de nacimiento por cualquier dinero que su padre tuviera a la mano. Lo más probable es que eso sería una gran cantidad en cualquier medida. Era claro que esta era una familia próspera. Tenían jornaleros (Lucas 15.19, 22). El padre era bastante rico como para contratar músicos y bailarines para un festejo improvisado (v. 25). Tenían ganado, que incluía un becerro gordo y disponible para usarlo en cualquier momento... el cual era la clase de lujo que solo una familia muy acaudalada se podía dar.

> En realidad, el hijo pródigo estaba ofreciendo vender sus derechos de nacimiento por cualquier dinero que su padre tuviera a la mano.

Por supuesto, este joven sabía que a la larga recibiría una herencia importante, pero estaba harto de esperarla. Quería cualquier cosa que pudiera conseguir *ahora*, principalmente porque necesitaba financiar su rebelión. No deseaba nada de la responsabilidad que venía con la herencia. No quería parte en la administración continua de las propiedades. Es más, lo que parece haber querido más que nada era librarse de los deberes, las expectativas y los compromisos que venían al ser hijo de un hombre tan próspero.

En esencia, el hijo le estaba diciendo a su padre: «Todo lo que quiero es una parte justa de los activos familiares, y saldré de tu vida. No te estoy pidiendo consejo; solo deseo mi parte de lo que me ha de llegar. No quiero ser guiado, y sin duda no deseo ser líder. No tengo que rendir cuentas, y no te necesito».

Igual que cualquier adolescente rebelde, a todas luces el hijo pródigo era malvado. Creía que lo que necesitaba era más independencia. Estaba cansado de la presión cultural para honrar a su padre. Con seguridad no veía ningún beneficio en dejar que siguieran rigiendo su vida los puntos de vista y los valores de su padre. Estaba decidido a despojarse en lo posible de toda obligación, a dejar toda restricción, y *especialmente* a salirse de la autoridad de su padre.

Desde luego que es prerrogativa de cualquier padre dar regalos a sus hijos. Y no se ha sabido en la cultura judía de esa época que mucho antes de su muerte un padre asignara partes específicas de la propiedad familiar a herederos individuales. Con relación a una porción particular de tierra o a una valiosa posesión, por ejemplo, podría decir: «Eso es tuyo. Es parte de los dos tercios que recibirás como mi hijo primogénito». O: «He aquí algo que quiero que tengas. Es parte del tercio que vas a heredar como mi hijo menor».

Pero aunque un padre distribuyera por anticipado su hacienda, a los hijos no se les permitía tomar posesión total e independiente de su herencia hasta la muerte de su padre. En esa cultura, donde la honra era muy importante, todo padre esperaba estar en última instancia a cargo, y ser finalmente responsable de toda la casa y sus activos hasta su muerte. El padre (si en realidad fuera honorable) *nunca* podía renunciar a su deber como cabeza de la familia. Tal cosa la impedía una cantidad de tradiciones que estaban vinculadas al quinto mandamiento: «Honra a tu padre y a tu madre» (Éxodo 20.12).

Además, la Mishná (compendio de tradiciones que determinaban cómo se interpretaba la Ley) ordenaba que si un padre distribuía su propiedad antes de tiempo, los hijos debían conservarla hasta que él muriera. Los hijos podían administrar un activo o cultivar una parcela como si fueran suyas. Pero el padre conservaba cierta clase de derecho de propiedad. Aún era la voz dominante en decisiones de asuntos familiares. Aún supervisaba la forma en que se administraba la propiedad. Y aún tenía el derecho de participar de toda ganancia que se producía. Solo después de la muerte del padre los hijos podían hacer lo que quisieran con sus herencias. En otras palabras, aunque era un maravilloso beneficio, una herencia antes de tiempo no liberaba totalmente a un hijo de la autoridad de su padre.

> El hijo pródigo no estaba pidiendo *esa* clase de regalo. Estaba exigiendo una manera de salir de la familia.

Pero el hijo pródigo no estaba pidiendo *esa* clase de regalo. Estaba exigiendo una manera de salir de la familia.

La sorprendente respuesta del padre

En la vida aldeana de ese tiempo todos conocían los asuntos de todos. Además, el plan del hijo pródigo de salir de casa garantizaba que en poco tiempo su rebelión sería de conocimiento público y el rumor se extendería por la aldea. Este irreflexivo rebelde estaba acrecentando alegremente un montón de deshonra sobre su padre, su familia y su propia reputación.

> Por desgracia para el padre, no había nada que pudiera hacer para cubrir o quitar la vergüenza que repudiar públicamente al muchacho.

Por desgracia para el padre, no había nada que pudiera hacer para cubrir o quitar la vergüenza que repudiar públicamente al muchacho. Eso sin duda es precisamente lo que los demás en el pueblo esperarían y quizás hasta instarían a que el padre hiciera. Cualquier padre respetable en esa cultura sentiría de modo natural que *debía* deshonrar al hijo tan públicamente como fuera posible, dándole la bofetada ceremonial en el rostro, denunciándolo en público, expulsándolo formalmente de la familia, y tal vez hasta ofreciéndole un funeral. Después de todo, esa era la única manera de evitar que el muchacho trajera un reproche duradero contra el buen nombre de la familia.

División de los bienes

En vez de eso, el padre «les repartió los bienes» (v. 12). En lugar de darle públicamente un bofetón en el rostro al muchacho por su desfachatez, este padre le concedió exactamente a su rebelde hijo lo que pidió.

Aquí es donde la historia de Jesús debió haber provocado otra segunda gran exclamación de los escribas y los fariseos. Sería comprensible y hasta digno de admiración que el padre hubiera dividido la propiedad entre sus hijos por voluntad propia y gran generosidad. Pero no se había oído que se honrara de este modo una insolente petición de un joven rebelde, en especial ya que esta medida prácticamente costaría al padre todo lo que tenía.

La mayor parte de la audiencia de Jesús, en particular los fariseos, vería esto como una acción vergonzosa del padre. Según las normas de esa cultura, esa fue una respuesta patética y débil. ¿No disponía este padre de firmeza de carácter? ¿No tenía en absoluto ningún interés en su propio honor? ¿Por qué se sometió a las exigencias de un hijo rebelde como este? ¿Por qué no reafirmar su autoridad como jefe de su propia casa y repudiar totalmente al muchacho? Al someterse a la petición poco razonable del hijo, y simplemente entregarle sus bienes, el padre sería tal objeto de vergüenza como el hijo rebelde. Es más, en este momento los fariseos no habrían dudado en considerar al padre aun *más* vergonzoso que el hijo, porque al dar sus bienes en realidad estaba entregando la honra familiar y otorgándole al muchacho licencia para pisotearla.

> El hijo pródigo agarró su parte de la riqueza familiar sin mirar atrás. Consiguió exactamente lo que quería: absoluta libertad.

Es importante la manera como está redactado el texto original. «Bienes» es una traducción de *bios*, la palabra griega para vida. El padre dividió y entregó a sus hijos toda su vida: su subsistencia, su sustento, y todo lo que la familia había acumulado por generaciones. El hecho de que el muchacho menor tuviera la libertad de agarrar el legado de su padre y largarse a una provincia apartada sugiere que el padre entregó sin condiciones la propiedad familiar a los hijos. Según parece no consiguió promesas a cambio ni tomó medidas para obligar al hijo menor a mostrar respeto por la tradición. El hijo pródigo agarró su parte de la riqueza familiar sin mirar atrás. Consiguió exactamente lo que quería: absoluta libertad.

Devoción por su hijo

Las acciones del padre demuestran que era en realidad un padre amoroso, no un tirano, y que en vez de repudiar a su hijo estuvo dispuesto a soportar el dolor de afectos rechazados y de humillación pública. Voluntariamente sufrió lo que podría decirse que era la agonía personal más dolorosa de todas: el dolor del tierno amor rechazado. Era evidentemente profundo el amor del padre por este muchacho. Y mientras más grande el amor, más grande el dolor cuando este amor encuentra rechazo.

Esto asombra especialmente cuando recordamos que Jesús está ofreciendo una ilustración de su propio amor por los pecadores. Y puesto que Jesús es Dios encarnado, el Señor mismo en cuerpo humano, debemos comprender que la reacción del padre del pródigo describe el amor de Jehová por la humanidad rebelde. Aunque él es absolutamente soberano y tiene el poder y la prerrogativa de destruir a todo pecador en un instante, extiende sin embargo a cada persona generosas medidas de misericordia, amorosa deferencia, buena voluntad, y resignación. Igual que el padre en la parábola, en vez de repudiar rápidamente y de destruir pecadores tan pronto como sea

> La reacción del padre del pródigo describe el amor de Jehová por la humanidad rebelde.

posible, Dios muestra extrema clemencia. Les concede libertad para ir tras su obstinada voluntad, aunque está claro que la sola intención de ellos es rebelión contra la voluntad *de Dios*, y aunque esta rebelión parezca por el momento causarle gran deshonra.

Pero «deshonra» era nada para Cristo, quien salió del cielo y de su trono como Dios. En vez de eso, «se despojó a sí mismo, tomando forma de siervo, hecho semejante a los hombres; y estando en la condición de hombre, se humilló a sí mismo, haciéndose obediente hasta la muerte, y muerte de cruz» (Filipenses 2.7-8). «Por el gozo puesto delante de él sufrió la cruz, menospreciando el oprobio» (Hebreos 12.2).

Entre las extraordinarias verdades que estamos a punto de ver representadas de forma muy vívida en esta parábola están estos dos hechos asombrosos: La vergüenza que Jesús soportó era *nuestra* vergüenza; y el gozo eterno que fue puesto delante de él se ejemplifica mejor en su profunda alegría por la redención de pecadores arrepentidos.

4

El comportamiento descarado del hijo pródigo

Juntándolo todo el hijo menor, se fue lejos a una provincia apartada;
y allí desperdició sus bienes viviendo perdidamente.

—Lucas 15.13

HABÍA DOS FASES DISTINTAS EN LA REBELIÓN DEL PRÓDIGO, LAS CUALES lo cubrirían totalmente con desgracia en las mentes de la audiencia de Jesús. Hemos visto una fase en la reprensible manera en que trató a su padre.

La fase dos es peor aun. Empieza con la partida del joven de su casa familiar y después con su viaje por el mundo. Esta parte de la historia culmina en el absoluto derrumbe de la vida del pródigo. Su propia concupiscencia resulta ser incontrolable. Se halla esclavizado en un horrible cautiverio del cual no puede liberarse. Es la esclavitud de su propio pecado, y resulta ser para él una cárcel infinitamente peor de lo que imaginó alguna vez que fuera la autoridad de su padre. Progresivamente es arrastrado hacia abajo en la mortífera espiral del pecado, hasta que prácticamente se encuentra sin esperanza en la más atroz de las circunstancias imaginables.

LA HUIDA

No se necesitó mucho tiempo para que se clarificara el verdadero plan detrás de la desobediencia del hijo pródigo: «*No muchos días después*, juntándolo todo el hijo menor, se fue lejos a una provincia apartada; y

> Ahora que al fin tenía los medios, casi no podía esperar para escapar.

allí desperdició sus bienes viviendo perdidamente» (Lucas 15.13, énfasis añadido). Este joven estaba hasta la coronilla de todas sus responsabilidades, cansado de rendir cuentas a su padre, y harto de toda relación en su vida... especialmente con su padre y su hermano mayor. Ahora que al fin tenía los medios, casi no podía esperar para escapar.

Liquidación de sus activos

La frase «juntándolo todo» significa que el pródigo liquidó todo lo que pudo, convirtiendo su herencia en dinero en efectivo. La prisa con que actuó sugiere que en el proceso perdió una gran cantidad del valor de su legado.

Recuerde, como ya vimos, que la Ley de Moisés tenía estrictas regulaciones que determinaban la venta de bienes. Las tierras familiares estaban protegidas por estas leyes para que ningún clan perdiera alguna vez su propiedad si un miembro de la familia decidiera torpemente despilfarrar de este modo su futuro. El Señor dice en Levítico 25.23: «La tierra no se venderá a perpetuidad, porque la tierra mía es».

Como observamos en el capítulo anterior, la venta de tierra en Israel parecía más arrendamientos de largo plazo. Las propiedades familiares eran redimibles, y la tierra siempre volvería a la familia del dueño original en el año del jubileo. (Los años de jubileo ocurrían cada medio siglo, al final de siete ciclos de años sabáticos, por Levítico 25.8-55.) El precio de una parcela se determinaba en consecuencia. Mientras más cerca se estaba al año de jubileo, menos dinero se obtenía por la tierra.

Además, debido a la tradición que prohibía a un hijo disponer de la propiedad del padre en vida de este (como se mencionó en el capítulo anterior), la única manera de liquidar bienes como estos sería vender la mayor parte de activos con la estipulación de que el comprador no podía tomar posesión hasta la muerte del padre. Prácticamente el hijo pródigo tendría que vender su derecho de nacimiento como venta de garaje sobre mercados futuros. Todo se rebajaría tanto que en el proceso se sacrificaría la mayor parte del valor. Él sería afortunado de conseguir el equivalente de centavos por un dólar. Lo más probable es que transara en realidad por mucho, muchísimo menos. Él solo quería irse.

Eso ilustra a la perfección la insensatez del pecador. Este quiere alejarse de Dios, y está más interesado en hacerlo *ahora* que en lo que esto le podría costar en el futuro. No quiere rendir cuentas al Señor. Vende a bajo precio cualquier don que haya recibido de Dios. Derrocha oportunidades espirituales: la misericordiosa providencia divina, y toda bendición que el Creador le otorgara alguna vez. Desprecia las riquezas de benignidad, paciencia y longanimidad de Dios, las cuales *deberían* llevarlo al arrepentimiento (Romanos 2.4).

Se fue lejos a una tierra apartada

Recuerde que Jesús está narrando esta parábola a líderes judíos en una cultura judía, así que cuando dice que el hijo pródigo «se fue lejos a una provincia apartada», ellos entenderían al instante lo que implicaba. Cualquier tierra apartada sería una nación gentil. Este joven no solo dejó su casa y su familia sino también su herencia cultural y su fe.

Este fue incluso otro detalle que provocaría una sensación de horror en los oyentes de Jesús. Era inimaginable que algún joven judío viajara por decisión propia a tierras gentiles y de buen grado hiciera allí residencia permanente (o peor, que se convirtiera en un vagabundo tan lejos de casa) a fin de dedicarse a una vida licenciosa. ¿Cuán malo era este muchacho? Requetemalo. Despreciaba tanto a su padre que adrede lo expuso a la clase más humillante de desgracia pública. Eso ya era malévolo. Añada el materialismo superficial, la codicia y la necedad del muchacho al perder gran parte del valor de su herencia... y usted ya tiene un delincuente de la alta sociedad. Pero cuando (encima de todo eso) el muchacho viaja a una tierra gentil para alejarse lo más que pueda de todos los que lo conocían, a fin de dedicarse libremente a la conducta libertina, de repente se convierte en un personaje tan horrorosamente despreciable que sería difícil expresar su maldad con simples palabras. ¿Cómo podría haber allí alguna personificación más grotesca del mal y la vergüenza?

> Este joven no solo dejó su casa y su familia sino también su herencia cultural y su fe.

No hay duda de que Jesús estaba poniendo a este tipo como el villano principal de la historia. ¿Cómo alguien podía ser peor que esto? Hágale un funeral e invite a todo el pueblo. Él se ha ido, y prácticamente está muerto.

¿Correcto?

En este momento los escribas y los fariseos *debieron* haber estado pensando algo parecido. Era bien conocido su desprecio por los pecadores licenciosos. Ese después de todo fue el mismísimo asunto que precipitó en primer lugar este intercambio con Jesús. Pero aun más que eso, el pensamiento de que alguien renunciara voluntariamente al hogar y la religión, viajara a una nación lejana, y estableciera su residencia en una cultura gentil era insoportablemente aborrecible para ellos. *Todo* en la cultura gentil era inmundo. Fuera a donde fuera, e hiciera lo que hiciera después de eso, a juicio de los fariseos estaría desesperadamente envilecido. El hecho de que él estaba haciendo esto para revolcarse a propósito en el pecado estaba casi más allá de la comprensión. En las mentes de los fariseos, el hijo pródigo estaba más allá de la redención, y el padre estaba mejor sin él. Quizás nadie podría estar peor que alguien que se comportara de ese modo.

Tenga ahora ese pensamiento en la mente y recuerde que las circunstancias del hijo pródigo en realidad van a empeorar mucho antes de que su caso mejore.

¿DÓNDE ESTÁ EL HERMANO MAYOR?

¿Pero dónde está el hermano mayor en todo esto? Está totalmente ausente de la historia a estas alturas, y estoy convencido que es importante. ¿Por qué no se levantó para defender el honor del padre? ¿Por qué no interviene y trata de que su hermano menor entre en razón? ¿Por qué no oímos la más mínima señal de protesta ni una palabra de agradecimiento del hermano mayor cuando el padre les divide los bienes y se despoja de todo lo que posee?

Sin duda el hermano mayor entendió muy bien que su padre estaba soportando una terrible humillación pública debido a la rebelión de su hermano menor. ¿Por qué no hay allí un versículo que nos diga cómo salió tras el hermano menor y trató de hacerlo volver a casa? ¿Por qué aquí no hay nada que nos dé la más mínima insinuación de que le dolía el sufrimiento del padre y la ruina de su hermano?

Respuesta: porque el hermano mayor tampoco tenía ninguna relación con su padre. No tenía más amor por su padre del que mostraba su hermano pródigo. Estaba contento de tener su parte y de quedarse en casa, regodeándose de la impresión de la comunidad de que era el hijo «bueno». Dentro de poco se evidenciará su verdadero carácter.

> El hermano mayor no tenía más amor por su padre del que tenía su hermano pródigo.

Pero por ahora observe esto: esta escena está llena de vergüenza. Esta era una familia totalmente disfuncional. Aunque el padre era un hombre amoroso, generoso y amable que daba abundantes regalos a sus dos hijos, a estos les interesaba más la riqueza del padre que el padre mismo. Uno era un pecador flagrante, rebelde e irreligioso; el otro era un pecador religioso con un barniz de respetabilidad. Ninguno de los hijos tenía respeto auténtico por el padre, y ninguno le devolvió su amor o mostró algún interés en una relación adecuada con él. En realidad los dos hijos odiaban al padre, y se odiaban mutuamente.

EL CAMINO A LA RUINA

El hijo pródigo parece haberse ido derechito al punto más lejano que pudo encontrar de casa y de la responsabilidad. «Se fue lejos a una provincia apartada» (v. 13). ¿Quién sabe cómo escogió en qué dirección viajar, o incluso si tenía en mente un lugar particular para su destino final? Si su pensamiento era el de un típico joven que responde a este patrón de conducta, es probable que se haya dirigido en la dirección general de algún lugar del que había oído que parecía exótico.

Pero el muchacho tenía poco conocimiento de cómo era allí la vida real. No había considerado los peligros que podrían acechar allí. Además era claro que no reflexionó en qué consistía establecer una nueva vida en una cultura extranjera. Evidentemente, establecerse ni siquiera era parte de su plan de largo plazo. El pródigo sencillamente buscaba placer. Y seamos sinceros: la gente que piensa de ese modo típicamente no piensa de manera muy distinta.

> El pródigo sencillamente buscaba placer. Y seamos sinceros: la gente que piensa de ese modo típicamente no piensa de manera muy distinta.

De ahí que no sea una sorpresota leer en el versículo 13 que el hijo pródigo «desperdició sus bienes viviendo perdidamente». Esa es la dirección a la que su rebeldía lo estaba llevando desde el principio. La palabra griega traducida «desperdició» es *diaskorpizô*. Es un vocablo que suscita la idea de aventar, donde se lanza el grano al aire y se deja que el viento se lleve los residuos. Literalmente significa «esparcir en distintas direcciones». Él simplemente arrojó los bienes por la ventana, «viviendo perdidamente». Desperdició una fortuna rapidísimo, gastando su herencia y yendo tras la maldad.

Más tarde el hermano mayor resumió en estas palabras el estilo de vida del pródigo: él «ha consumido tus bienes [de su padre] con rameras» (v. 30). Algunos intérpretes sugieren que esa podría ser una exageración maligna y por tanto una falsa acusación de parte del hermano mayor, diseñada para poner al pródigo en una posición peor de la que merecía. Pero me inclino a pensar de otro modo. Si el pródigo fuera completamente inocente de esa acusación, creo que Jesús lo habría dicho, porque esto habría reforzado su caso contra la mala actitud del hijo mayor. Pero lejos de describir al hijo pródigo como alguien que en realidad no era tan malo como creía la gente, Jesús deliberadamente lo estaba representando como un ser tan libertino que prácticamente sería capaz de cualquier cosa. La clara insinuación de la frase «viviendo perdidamente» es que el pródigo fue tras un estilo de vida de total disipación y flagrante inmoralidad, que era muy distante y sin ninguna clase de escrúpulo. Su conciencia estaba totalmente cauterizada, o de otro modo no habría seguido el curso que tomó en primer lugar. Y si pudo perder la fortuna familiar tan rápidamente sin gastar ningún dinero en mujeres fáciles, lo más probable es que lo gastara en algo aun peor.

Por supuesto, cualquiera que desprecia todo deber, que abandona toda responsabilidad, que rechaza toda insinuación de rendir cuentas, y que busca esa clase de estilo inmoral de vida, va rapidísimo hacia la ruina total. Es inevitable. Es una ley incorporada en la mismísima estructura de la creación, y que se hace cumplir estrictamente mediante las funciones de la providencia divina. «Todo lo que el hombre sembrare, eso también segará. Porque el que siembra para su carne, de la carne segará corrupción» (Gálatas 6.7-8). Eso es exactamente lo que le ocurrió a este tipo; destrozó su propia vida.

> El pecado nunca cumple lo que promete, y la vida placentera que los pecadores creen estar buscando siempre resulta ser precisamente lo contrario: un duro camino que lleva de modo inevitable al desastre y a la destrucción final.

El pecado nunca cumple lo que promete, y la vida placentera que los pecadores creen estar buscando siempre resulta ser precisamente lo contrario: un duro camino que lleva de modo inevitable al desastre y a la destrucción final. «La paga del pecado es muerte»

(Romanos 6.23). «Si vivís conforme a la carne, moriréis» (Romanos 8.13). «El pecado, siendo consumado, da a luz la muerte» (Santiago 1.15). El pródigo estaba a punto de descubrir esas verdades de una manera vívida y penosa.

La ruina del pródigo fue tan repentina como inevitable: «Cuando todo lo hubo malgastado...» (Lucas 15.14). El lenguaje sugiere que cuando el pródigo llegó a la provincia apartada, su fortuna estaba al menos parcialmente intacta. Llegó como un potentado, como el tipo nuevo en el pueblo con un gran puñado de billetes. Allí estaba un muchacho ingenuo venido de lejos con un fajo grande... y tenga usted la seguridad que todos los delincuentes y embaucadores fijaron en él la mirada.

El pródigo era joven y crédulo, y probablemente estaba feliz de ser al principio el centro de atención. Había salido en busca de una vida pletórica de diversión, ¡y ahora simplemente mírelo! Todo aquel en el pueblo que sabía cómo divertirse anhelaba estar cerca de él. En lo único que podía pensar era en cultivar esa imagen. Quería que los demás creyeran que era dadivoso, amante de las diversiones, sin prejuicios, y promiscuo. Así que se puso a gastar dinero a lo loco. Debió haber creído allí por un tiempo que tenía exactamente lo que deseaba.

Pero los «amigos» que consiguió el pródigo en su búsqueda de ese estilo de vida para nada eran verdaderos amigos. Solo eran gentuza y escoria que quisieron sacar provecho de la estúpida generosidad del muchacho. Cuando se le acabó el dinero, también lo habrán abandonado estos «amigos».

> Sin querer expresarlo de un modo demasiado duro, digamos que el pródigo obtuvo exactamente lo que merecía.

Esto fue exactamente lo que ocurrió. El joven lo malgastó todo (v. 14).

Despilfarró su fortuna. Gastó los bienes de su padre en diversiones mundanas (v. 30). Y lo más probable es que el hermano mayor tuviera razón: eso incluía prostitutas y otras actividades igualmente inmorales.

Sin querer expresarlo de un modo demasiado duro, digamos que el pródigo obtuvo exactamente lo que merecía. Cosechó lo que sembró. No le quedó absolutamente nada, y eso fue totalmente por culpa suya.

PERSEGUIDO POR LA PROVIDENCIA

Exactamente después de que se acabara el dinero, «vino una gran hambre en aquella provincia» (v. 14). Desde luego que el hambre no fue por culpa del hijo pródigo, pero así es la vida. Nosotros mismos nos buscamos algunos problemas, y en ocasiones nos golpean calamidades sin que tengamos culpa alguna.

Un joven rebelde como este, en un estado de rebelión contra Dios y contra su padre, debió haber sentido la conjunción de tantos contratiempos graves a la vez como una retaliación divinamente orquestada por su pecado. En este caso especial es probable que detectemos un supuesto elemento de castigo divino en todo lo que le ocurrió al pródigo a medida que se desenredaba su vida. Sin embargo, a causa de su rebelión no tenía ningún lugar donde volverse para encontrar alivio.

Aquí hubo un cambio de acontecimientos absolutamente devastador. Piense en lo difícil que debió hacer sido para el hijo pródigo. Toda su vida hasta este momento había estado suavizada con comodidades que simplemente daba por sentadas. La prosperidad y la relativa facilidad de su vida hogareña las habían comprado y pagado mediante el esfuerzo y la ponderada diligencia de muchas generaciones de sus ancestros. Su padre le había suplido todas sus necesidades y comodidades desde que nació. Es probable que el muchacho supusiera (como hacen muchos jóvenes ingenuos) que la vida era naturalmente fácil. No tenía ninguna consideración por la fidelidad de sus antepasados que le había hecho su vida muy cómoda, y la prueba de su torpe falta de agradecimiento se ve en la manera desconsiderada en que abandonó sus orígenes por buscar satisfacción carnal egoísta.

Ahora la vida de placeres que había buscado el hijo pródigo se detuvo en seco, pero también se le hizo repentinamente claro que la vida de libertad que creyó encontrar no era como la había previsto. Prácticamente había vendido su alma por una fantasía de muchacho crédulo, y ahora la providencia estaba exigiendo el pago inmediato de todas las cuentas… con intereses. La cuerda súbita de reveses era muy desmoralizadora; era emocionalmente agotadora, y puso al joven en una situación económica totalmente insostenible. La descripción que hizo Jesús del dilema del muchacho es una afirmación importante: «Comenzó a faltarle» (v. 14). Una hambruna en este momento quizás era lo peor que podía ocurrirle, al menos desde una perspectiva material.

¿Qué exactamente estaría involucrado cuando el hambre intensifica la pobreza y la miseria? En nuestra cultura casi no se oye de hambrunas, por lo que podríamos leer ese versículo sin experimentar mucho el mismo horror que debieron haber sentido los oyentes originales de Jesús a medida que se desarrollaba la historia. Debemos hacer aquí una pausa y reflexionar en las repercusiones del versículo 14.

> Una hambruna en este momento quizás era lo peor que podía ocurrirle, al menos desde una perspectiva material.

Las hambrunas eran tan comunes en la época de Jesús que no tuvo que explicar a su audiencia el dilema del hijo pródigo. La habrían visto, especialmente los escribas y los fariseos, como un castigo divino.

Durante el prolongado período histórico que cubre la Biblia ocurrieron muchas hambres de variada magnitud y duración. La primera de la que leemos está en Génesis 12.10. Esa hambruna llevó a Abraham a Egipto, y parece ser la primera en un ciclo de olas similares de hambre extrema que asolaron la tierra prometida. Luego un hambre en la época de Isaac también lo llevó a Egipto (Génesis 26.10). Y la famosa hambre de siete años que José predijo en un sueño (Génesis 41.54) fue la ocasión para que toda la familia de Jacob buscara refugio en Egipto. Por este motivo los israelitas originales, al principio del libro del Éxodo, estaban viviendo en Egipto como esclavos de Faraón, y en necesidad de un liberador como Moisés.

Por tanto, se veía a las hambrunas como desastres excepcionalmente providenciales, en la mayoría de los casos muestras claras del mayor nivel de ira divina. Es más, ya que las hambres eran generalmente causadas por otros desastres, a menudo parecían una exclamación al final de una serie de desgracias acompañantes. (Este es un factor que hizo parecer tan penosa y adecuada esta hambre en el caso del hijo pródigo.)

Un hambre la podría causar, por ejemplo, sequía (1 Reyes 17.1), insectos (Joel 1.14), granizada (Éxodo 9.22-23), enemigos que sitian ciudades (2 Reyes 6.25), e incluso comportamientos destructivos de individuos nómadas y que merodean como los amalecitas; estos viajaban en grandes ejércitos y devoraban todo a su paso (Deuteronomio 28.21). La Biblia describe un hambre tan severa en Samaria durante la vida de Elías que dos mujeres hicieron un pacto de cocinar y comerse a sus propios bebés. Ellas en realidad se comieron uno de los niños, pero como la madre del otro niño ya no tenía un hambre tan desesperada se negó a dejar que se comieran a su propio hijo (2 Reyes 6.26-31).

Esa clase de hambre desesperada es difícil de imaginar para quienes vivimos en lugares que tienen restaurantes de comida rápida en toda intersección importante. Pero en la mayoría de las naciones africanas debajo del Sahara, que incluyen varios países populosos (especialmente Somalia, Etiopía y Chad) el hambre es una amenaza regular para la vida. Esas partes del mundo han experimentado en nuestra generación olas terribles de hambre devastadora. De ahí que la espantosa realidad de esta clase de desastre aún acosa a enormes partes de la población actual del mundo, y es humillante que muchos de quienes viven en culturas industrializadas no estén conscientes de que ellos son el costo humano de esta clase de desastre.

Un hambre severa es uno de los peores desastres que le pueden ocurrir a una nación. He aquí una corta descripción del escritor William Manchester de las hambres en Europa durante la época medieval:

> Los años de hambre fueron terribles. Los campesinos podrían verse obligados a vender todo lo que poseían.... En los tiempos más difíciles devoraban cortezas, raíces, pasto; y hasta tierra blanca. No era desconocido el canibalismo. Atacaban y mataban a extranjeros y viajeros para comérselos, y se cuentan historias de horcas derribadas (hasta de veinte cadáveres que colgaban de un solo cadalso) por hombres desesperados por comer la tibia carne fresca.[1]

He leído muchas descripciones de primera mano de hambres aun en siglos más recientes. Hubo el hambre de papas (también llamada la Gran Hambruna) a mediados del siglo diecinueve en Irlanda. Un millón de personas (más de diez por ciento de la población de Irlanda en esa época) murieron de hambre en un período de tres años. Aun más reciente fue la hambruna en Ucrania en la década de los treinta, en que murieron de hambre varios millones de habitantes. Se cree que esa hambre fue causada a propósito por Stalin en un acto de genocidio.

Son difíciles de leer los relatos de testigos de estas y otras hambrunas graves. Pero casi todos tienen varias características en común. Describen cómo las personas enloquecen por el hambre. Son comunes los actos de canibalismo. A menudo se extienden tanto las muertes por hambre, y son tan frecuentes, que es necesario recoger y sacar a diario los cadáveres. Un escritor habla de niños vendidos en esclavitud como una acción de misericordia para evitar que murieran de hambre. Otro escritor cuenta cómo muelen la carne de las víctimas del hambre y la venden como alimento. Las personas recurren a comer artículos como pasto, cuero de zapatos, carne podrida, basura y excremento. Aldeas y pueblos enteros quedan sin habitantes. Este es un desastre angustioso, insoportablemente horrible, lento, desesperado, lleno de angustia y tormento.

A diferencia de nosotros, los escuchas de Jesús no estaban tan lejos de las hambres como para que él tuviera que entrar en explicaciones. La mención de «gran hambre» les haría pensar al instante en algo espantoso. Ellos entendían que él estaba describiendo un nivel de desesperación mucho más allá de cualquier cosa que podamos concebir hoy día.

SE ACABÓ LA FIESTA

La vida de este joven se había convertido en una horrible pesadilla. Personalmente había tomado muchas decisiones equivocadas, pero ahora la mano de la providencia divina agravó sus problemas más allá de lo que se pudo imaginar. Esta era vida en su punto más bajo.

Sin duda los escribas y los fariseos que oían la historia retrocedieron ante la atrocidad en que se había convertido la vida de este joven. Este había abandonado un buen hogar y un futuro brillante bajo un padre maravillosamente amoroso y generoso, y ahora había llegado a esto: sin amigos, familia o esperanza; en una tierra extraña sin dónde ir. Con seguridad la fiesta había acabado.

❧ 5 ❧

El momento crucial

Y volviendo en sí...

—Lucas 15.17

No hay duda de que el hijo pródigo no encontró la clase de vida que deseaba cuando empezó su aventura. Desapareció todo el resplandor dorado en la provincia lejana. El camino que había decidido seguir resultó ser una autopista hacia la destrucción. Su estilo displicente de vida cambió de repente a terrible y agobiante esclavitud. Todos sus sueños se convirtieron en pesadillas. Todo su placer cambió a sufrimiento. Toda su diversión dio paso a profunda tristeza. Y este insensato joven rebelde que desperdició todo en unos cuantos momentos de gratificación personal se veía ahora obligado a vivir en total penuria. El jolgorio había acabado. Las carcajadas se habían acallado. La música ya no sonaba. Sus supuestos amigos habían desaparecido. La situación no podía ser peor, y él estaba a punto de morir.

> El camino que el hijo pródigo había decidido seguir resultó ser una autopista hacia la destrucción.

No cabe duda que si el hijo pródigo hubiera sabido que llegaría a esto, no habría hecho su petición. Él quería placer desenfrenado. Deseaba satisfacer su lujuria sin interrupción ni regaños. Lo que consiguió a cambio fue absoluto dolor, soledad y la amenaza de muerte inminente. Ahora su vida extrañaba todos los placeres que siempre soñó... y se llenó hasta rebosar con males que insensatamente no había previsto.

Es imposible explicar de modo racional la tenacidad de algunos pecadores. Algunas personas están tan decididas a seguir su propio camino que, aunque deban sufrir las consecuencias desagradables de sus transgresiones, no renuncian a su búsqueda. He conocido individuos cuyas vidas se desperdiciaron totalmente por los resultados adversos de algún pecado favorito. Podrían estar literalmente hasta la coronilla de las repercusiones de su pecado, y sin embargo no renuncian al pecado mismo. El pecado es una esclavitud que no pueden romper.

Ese fue (al principio) el caso del hijo pródigo. Indigente, desesperado y con toda la vida arruinada a su alrededor, él *sin embargo* no estaba muy listo para ir a casa. Ir a casa, desde luego, significaría confesar que se equivocó y que era un necio. También significaba enfrentar el resentimiento de su hermano, reconocer la profunda pena y el sufrimiento que había causado a su padre, y atraer sobre sí la vergüenza pública. Más que nada, significaría aceptar responsabilidades, tener que rendir cuentas, y someterse a la autoridad... de todo lo cual había huido en primer lugar.

PLAN PARA EVITAR EL ARREPENTIMIENTO

Al principio el desilusionado pródigo hizo lo que muchos tratan de hacer antes de tocar verdadero fondo. Desesperadamente intentó tramar un plan que le permitiera sortear la crisis y quizás no tener que enfrentar su pecado ni reconocer por completo todo el mal que había causado.

Desde luego, el único pensamiento del joven había sido salirse de la autoridad de su padre para poder pasar el resto de su vida haciendo lo que quisiera. Ese plan (tal como fue) en realidad no le funcionó en absoluto. Por tanto, aquí estaba su plan B: «Fue y se arrimó a uno de los ciudadanos de aquella tierra, el cual le envió a su hacienda para que apacentase cerdos» (Lucas 15.15).

Por lo visto, lo primero que el pródigo se dijo cuando se le vino abajo su mundo fue: *Necesito conseguir trabajo*. Creyó que podía levantarse por su cuenta, y tal vez hasta salir del problema. Eso es típico en pecadores que huyen de Dios. Viven de modo disoluto y rebelde, y consienten el pecado para satisfacer sus corazones, solo para terminar en bancarrota, con todas sus fuerzas agotadas... y a la larga en una situación desesperada, sea figurada o literalmente. Sin embargo, a menudo se tranquilizan con la idea de que tienen los medios y la capacidad de salir del desastre en que han convertido sus vidas.

> El pródigo creyó que podía levantarse por su cuenta, y tal vez hasta salir del problema. Eso es típico en pecadores que huyen de Dios.

Algunas personas desperdician años bajo esa falsa ilusión, y para muchos se convierte en una senda de destrucción de la que nunca escapan.

Se arrimó a un ciudadano

¿Qué significa que el hijo pródigo «fue y se arrimó a uno de los ciudadanos de aquella tierra»? Un «ciudadano» en tiempos de Roma evocaba a una persona privilegiada. Alguien podía incluso ser nativo de cierta región y no obstante no ser ciudadano. Es más, por lo general en tierras bajo el dominio romano los ciudadanos eran extranjeros acaudalados. De ahí que la palabra hablara de ciudadanía *romana*. Esta traía gran privilegio y honra.

De algún modo el hijo pródigo conocía al menos a una de estas personas de recursos, quizás un individuo con el que en algún momento participó en algún vicio o una diversión. La Biblia afirma que «se arrimó» al ciudadano. El texto griego emplea un verbo muy interesante, *kollaô*, que en sentido literal significa pegar. Sugiere que esta relación no fue idea del ciudadano. El pródigo se pegó a este individuo influyente a quien de alguna manera conoció en sus días de derroche, y rehusó irse. Se le pegó como con resina.

En otras palabras, la desesperación del pródigo ya había alcanzado un punto tan crítico que prácticamente se convirtió en mendigo. Es probable que ahora estuviera mugriento, haraposo y reducido a miseria extrema, y lo único que podía hacer era limosnear.

Esta clase de escena es aun hoy día bastante común en países no desarrollados. He experimentado esto muchas veces al haber viajado a algunas de las regiones más pobres del mundo. Hay mendigos que simplemente no le permiten a usted irse, aunque les dé limosna. Se le cuelgan del abrigo, lo jalan del brazo, le agarran los bolsillos, y lo abruman con total desesperación. La descripción que evoca la historia de Jesús es de esa clase de mendigo, y sugiere que el ciudadano no fue instantáneamente sensible a las súplicas del pródigo. Pero el desesperado muchacho se le pegó como si hubiera estado encolado, pidiéndole ayuda una y otra vez.

El comportamiento del hijo pródigo a estas alturas recuerda a la viuda en la parábola de Lucas 18.1-8, quien se pegó a un juez injusto, y exigió justicia de manera persistente y continua. Finalmente el reacio juez le concedió su deseo aunque hubiera preferido lo contrario, diciendo:

«Aunque ni temo a Dios, ni tengo respeto a hombre, sin embargo, porque esta viuda me es molesta, le haré justicia, no sea que viniendo de continuo, me agote la paciencia» (Lucas 18.4–5).

Aquí actúa una dinámica parecida. Nada en el texto sugiere que este ciudadano tuviera una pizca de verdadera compasión por el hijo pródigo. Es más, la evidencia señala la conclusión opuesta. Y sin embargo el pródigo logró finalmente hacerse oír y que le dieran un trabajo: cuidar puercos.

Cuidado de cerdos

Este para nada era un verdadero empleo. Casi no pagaban nada por apacentar chanchos, ni siquiera lo suficiente para suplir las necesidades inmediatas del joven. Alimentar cerdos también era un trabajo muy degradante. Prácticamente era la tarea más baja en toda la jerarquía laboral. No requería ninguna habilidad, así que a menudo encargaban este oficio a individuos con deficiencia mental, desprovistos de toda capacidad social, o no aptos para vivir en la buena sociedad. Recuerde que el endemoniado en Gadara vivía en un lugar donde apacentaban cerdos (Marcos 5.11).

Aun hoy, con tecnología moderna y métodos racionalizados de crianza, la porcicultura está entre los negocios más despreciables, nocivos y malolientes. En la actualidad se consigue cuidado mecanizado de cerdos, pero es costoso. (Aun en el mejor de los casos también es asquerosamente nauseabundo. No hay forma de hacer estéticamente atractiva la cría de cochinos.) Por tanto es muy común que los porcicultores simplemente recojan sobras de comida y alimenten a los puercos con montones de basura. Los animales, desde luego, son muy felices comiendo casi cualquier cosa aun remotamente digerible.

Una de las cadenas de televisión por cable que se especializa en documentales educativos[1] presentó hace poco una enorme granja porcina en

Nevada, enfocándose en la manera en que alimentan a los animales. Empiezan por recoger formidables cantidades de basura de la franja de Las Vegas, donde a diario se botan varias toneladas de sobras de comida de los restaurantes de lujo en los casinos. Esas sobras se recogen de forma sistemática y se transportan hasta las granjas porcinas en enormes camiones cisternas.

En el calor del desierto, cuando la basura llega a la granja, ya se ha mezclado en un tanque de nauseabundo guiso semilíquido. La fetidez de esa comida en descomposición debe ser prácticamente insoportable. El tanque se vacía en una clase de sistema canalizado de transporte donde obreros sacan la mayor cantidad posible de bolsas plásticas y otros elementos no biodegradables. El flujo de desperdicios se lleva a una caldera de dos pisos de alto, donde todo el revoltijo se cocina para eliminar las peores bacterias. El potaje resultante se pone luego a enfriar. Para entonces es una sustancia insulsa, con grandes trozos, pegajosa y del color de la bilis.

> La sola naturaleza del trabajo bastaba automáticamente para sellar la situación del hijo pródigo como un permanente e irredimible marginado social en Israel.

Esa sustancia se vierte a cubetazos en largos y sucios comederos que todo el tiempo están cubiertos de grandes cantidades de barro y excremento de puercos. Sin embargo, aun mientras los obreros llenan los comederos, los cerdos chillan de alegría y se empujan, colocándose debajo del chorro de desperdicios cuando vacían los baldes. En instantes los cochinos ansiosamente devoran galones de la sustancia. Aunque solo verlo (o incluso leer al respecto) produce náuseas, el programa noticioso demostró gráficamente que los cerdos comen cualquier cosa.

Para el hijo pródigo, nacido bajo la Ley de Moisés, los chanchos eran considerados animales ceremonialmente impuros. Eso significaba que cualquier contacto con cerdos se consideraba envilecimiento espiritual. Además, como estaba prohibido comer carne de marrano, participar en su crianza para el consumo humano se consideraba terriblemente inmoral... especialmente a los ojos de los escribas y los fariseos. De ahí que la sola naturaleza del trabajo bastaba automáticamente para sellar la situación del hijo pródigo como un permanente e irredimible marginado social en Israel.

Esto también sugiere que la oferta de trabajo era en realidad más un insulto que un acto de compasión. El ciudadano acaudalado parece haber propuesto el empleo porque era la mejor manera de zafarse de este mendigo tenazmente decidido. Aceptar el trabajo exigía que el pródigo permaneciera donde estaban los cerdos, lo cual sin duda era a bastante distancia del rico propietario para que este no estuviera sometido a los ruidos y los olores nauseabundos. Aunque el texto castellano describe la vivienda de los chanchos como «hacienda», en realidad debió haber sido una remota, áspera y rocosa región inhóspita donde lo único que podía crecer eran malezas. No se imagine que los cochinos ocuparían alguna clase de exuberante campo o pastizal agrícola. Con hambruna o sin ella, a los cerdos que criaban para comerciar siempre los cuidaban en tierras desérticas que no servían para ningún otro propósito, porque los puercos destruyen cosechas y jardines valiosos.

Sin ninguna otra opción, el hijo pródigo aceptó el empleo y se fue a trabajar. El ciudadano «le envió a su hacienda para que apacentase cerdos» (v. 15). Eso significa que el joven se fue a vivir al improductivo desierto, morando con los chanchos. Se convirtió en apacentador de puercos a tiempo completo.

Aquí hubo otro cambio profundamente horrible de la trama en lo que respecta a los escribas y los fariseos. Estos sin duda volvieron a lanzar un grito ahogado ante el pensamiento de este muchacho judío, quien no solo aceptó el empleo en una granja porcina sino que también se fue a vivir entre los cerdos. Las descripciones de Jesús ya eran espantosamente repugnantes a los ojos de fariseos y escribas, y sin embargo con cada nuevo detalle que agregaba se hacía más funesta la representación. ¿Podría esta empeorar?

Sí podría. Y empeoró.

El punto bajo de este desastre

Es obvio que en tiempos de gran hambre escaseara hasta la comida de chanchos. Estos animales en particular eran muy afortunados de tener un dueño inteligente y rico que siguió alimentándolos y engordándolos, en vez de venderlos inmediatamente para sacrificarlos. Quizás los reservaría para cuando empeoraba el hambre. Más tarde los vendería a precios más altos. Mientras tanto, podría alimentar a los cochinos con cosas como algarrobas, cáscaras de verduras y frutas, cáscaras de huevos, y variedad de tallos frondosos o plantas de caña. Todas esas cosas son difíciles de digerir para los humanos. Es más, hasta los marranos las comen con gran dificultad. Lo más probable es que estos cerdos no estuvieran bien alimentados. Después de todo era una época de gran hambre.

Deseos de consumir comida para cerdos

Pero al menos los puercos aun tenían *alguna* clase de comida. El pródigo prácticamente se estaba muriendo de hambre, incluso mientras veía comer a los hambrientos animales. Al reflexionar en ese hecho, ¡él se hallaba ardiendo de envidia hacia los cochinos! Jesús dijo: «Y deseaba llenar su vientre de las algarrobas que comían los cerdos» (v. 16).

La palabra griega traducida «algarrobas» es *keration*, que significa vainas de arvejas. Estas eran cáscaras de semillas en forma de sartas de frijoles que crecían en matorrales. Los granos en el interior de las vainas eran duros, y las cáscaras eran fuertes y correosas. A veces se usa un polvo hecho de los granos molidos como sustituto para el chocolate. De los granos también se puede extraer una clase de melaza, y esa era una fuente importante de dulce en el antiguo Medio Oriente. Sin embargo, aparte de eso las algarrobas no son comestibles para los humanos, y no tienen valor nutritivo ni siquiera para el ganado. Pero estos árboles son asombrosamente resistentes, por lo que las algarrobas abundaban hasta en una intensa sequía o una plaga de insectos. A menudo se han usado como suplemento para alimentar ganado en épocas de hambre, y los animales como puercos y reses pueden subsistir con una dieta constante de algarrobas cuando es necesario. Eso es exactamente lo que estaba sucediendo aquí.

Mientras el pródigo veía a los cerdos devorar con glotonería esas algarrobas, él de todo corazón ansiaba llenar su propio estómago con la comida de puercos. ¡Ojalá esas vainas fueran comibles para él! «*Deseaba llenar su vientre*» de ellas (v. 16, énfasis añadido).

Tratado como uno de los puercos

Ese sin embargo fue otro detalle en la historia de Jesús que seguramente hizo que los escribas y los fariseos retrocedieran furiosos. Si les incomodaba e indignaba el hecho de que Jesús se sentara en la misma mesa con publicanos y otros pecadores, ¡cuánto más repugnante era pensar en que un joven de un buen hogar judío se rebajara tanto en el pecado que deseara participar de la comida de cerdos! A juicio de los fariseos, básicamente *se había convertido* en uno de los animales. La única manera en que podía caer más bajo era ser lanzado al foso del infierno...

lo cual, en lo que concernía a los fariseos, era ahora prácticamente inevitable para él, y un castigo bien merecido.

> La única manera en que podía caer más bajo era ser lanzado al foso del infierno... lo cual, en lo que concernía a los fariseos, era ahora prácticamente inevitable para él, y un castigo bien merecido.

Aun en esa lejana tierra gentil donde prácticamente nadie estaba obligado por ninguna clase de escrúpulos acerca de impureza ceremonial o de ser terriblemente rechazado por comer cerdo, la condición del pródigo en vida era ahora tal que lo consideraban detestable. «Pero nadie le daba» (v. 16).

El típico lector moderno ni siquiera puede empezar a entender lo repugnante que parecería el pródigo a los intelectuales escribas y fariseos, obsesionados como estaban con abstenerse de toda clase de contaminación ceremonial. A medida que Jesús contaba esta parábola le atribuía al hijo pródigo toda clase imaginable de vileza, desgracia y deshonra imaginable. Cada detalle que Jesús mencionaba acerca del joven ofendía más las sensibilidades de la élite religiosa. Debido a todas las variadas formas en que este joven rebelde se había envilecido y desgraciado, para cuando Jesús llegó a este punto en la historia el hijo pródigo era (según la manera de pensar de los fariseos) muy a las claras un objeto digno de más desprecio que de piedad. Estaba tan cubierto de reproche y de mala reputación que ellos no tenían ninguna duda de describirlo completamente como irredimible.

LA GRAN LECCIÓN DE LA RUINA DEL HIJO PRÓDIGO

Antes de seguir adelante es necesario sacar de las ruinas de la vida del hijo pródigo una lección vital acerca de la naturaleza del pecado y de su destrucción. Su experiencia es una imagen vívida de lo que el pecado hace a la gente. El hijo pródigo es un símbolo vivo de todo pecador que ha vivido... incluyéndonos a usted y a mí. Y por ende debemos prestar cuidadosa atención a la advertencia que Jesús nos hace en esta parte de la parábola.

Todo pecado envuelve precisamente esta clase de rebelión irracional contra un Padre celestial amoroso. El mayor mal del pecado no reside en el hecho de que es una trasgresión de la ley, aunque no hay duda de que se trata de eso (1 Juan 3.4). Pero la verdadera maldad del pecado es producto de su naturaleza como una afrenta personal hacia un bueno y misericordioso Dador de la ley. Nuestro pecado es una violación calculada y deliberada de la relación que tenemos con nuestro Creador. (Tal vez usted en forma intencional nunca antes haya considerado así al pecado, pero sin embargo es verdad, y la conciencia de todo individuo afirma esa realidad. Los secretos de nuestro corazón atestiguan contra nosotros, y Romanos 2.14-16 dice que un día incluso esos secretos se manifestarán y serán juzgados por Dios.)

> El hijo pródigo es un símbolo vivo de todo pecador que ha vivido... incluyéndonos a usted y a mí.

Cuando pecamos estamos mostrando desprecio por el amor paternal de Dios y por su santa autoridad. No solo rechazamos su ley sino también su misma persona. Pecar es negarle a Dios su lugar. Es una expresión de odio contra el Señor. Equivale a desear que Dios estuviera muerto; es deshonrarlo. Y ya que todo pecado tiene en su núcleo este elemento de desprecio por Dios, hasta el pecado más leve tiene suficiente maldad para desencadenar una eternidad llena de privación, desgracia y sufrimiento. Prueba viva de eso es que la realidad del mundo entero de maldad humana proviene en su totalidad del simple acto de desobediencia de Adán (Romanos 5.12, 19; 1 Corintios 15.21-22).

Además, el pecado *siempre* produce fruto malvado. No podemos tomar las dádivas con que Dios nos ha rodeado, desperdiciarlas como si no fueran nada, y esperar luego que no cosechemos las consecuencias de pobreza espiritual que son el resultado inevitable.

> Pecar es negarle a Dios su lugar. Es una expresión de odio contra el Señor. Equivale a desear que Dios estuviera muerto.

Aquí hay una horrible realidad: el hijo pródigo no es solo una imagen del peor de los pecadores; es un símbolo de *todo* pecador no redimido: separado de Dios y sin esperanza en el mundo (Efesios 2.12). Es una figura exacta y viva de toda la especie humana: caída, pecadora y rebelde. Peor aun, el carácter del pródigo refleja no solo el estado de nuestra especie caída como un todo, sino también la condición natural de todo individuo concebido por un padre humano desde la caída de Adán. Todos empezamos esta vida con nuestras espaldas vueltas contra Dios; deseando huir lejos de él, sin considerar su amor, sin apreciar su generosidad, y sin respetar su honor.

Es verdad: los malos motivos que llevaron al pródigo son las tendencias naturales de todo corazón humano caído. «Los designios de la carne son enemistad contra Dios; porque no se sujetan a la ley de Dios, ni tampoco pueden; y los que viven según la carne no pueden agradar a Dios» (Romanos 8.7–8). Somos «por naturaleza hijos de ira», nacidos con una naturaleza pecaminosa y totalmente dominados por deseos carnales (Efesios 2.1-3).

Es decir, *todos* somos hijos e hijas pródigos. Cada uno de nosotros es culpable de ser demasiado indulgente consigo mismo, de libertinaje, y de codicia desenfrenada. Hemos hecho caso omiso a las consecuencias del pecado, y hemos seguido imprudentemente tras lo malo. Separados de la gracia de Dios que nos refrena, hace mucho tiempo cada uno de nosotros habría vendido su pri-

> Es decir, *todos* somos hijos e hijas pródigos.

mogenitura, desperdiciado la vida, y despilfarrado todas las bendiciones que Dios nos ha dado, cambiando sus diarias y abundantes bondades por un breve momento de satisfacción personal barata.

Quizás usted sienta que *ha* hecho esas cosas. Bienvenido al mundo de hijos e hijas pródigos.

El final del viaje de este joven en las porquerizas ejemplifica a la perfección la destrucción y el dolor a los cuales lleva inevitablemente el pecado. Es la misma imagen de bancarrota, vacío, pobreza y soledad espiritual. Al final del camino ancho no hay más que destrucción. No hay nadie que ayude, ningún lugar adónde ir, y no queda ninguna esperanza terrenal.

Aquí el tonto pecador ha agotado lo mejor de su plan B, y debe comprender en primer lugar que este nunca habría funcionado. No tenemos la capacidad de reparar nuestras propias vidas destrozadas. De ninguna manera posible podemos expiar los pecados que hemos cometido, por lo que no podemos alejar nuestra culpa. No hay absolutamente ninguna respuesta terrenal para ese dilema. No se encuentra en la psicología, en terapias de grupo, ni en ayuda personal, y seguramente tampoco en drogas, alcohol o cualquier otra forma de escape. No nos podemos librar de las consecuencias del pecado mudándonos a otro sitio, casándonos con otro cónyuge, o huyendo de otro modo. El pecador toca verdadero fondo cuando finalmente se agotan esos intentos de evadir el día de pago del pecado.

A menos que se pueda encontrar un Salvador, lo único que aguarda es muerte y condenación eterna.

LA VOZ DE ALERTA

Allí es con exactitud donde el hijo pródigo se encontró finalmente. Él fue uno de esos afortunados pecadores que volvió en sí (v. 17) antes de cosechar la paga total y final del pecado. Volver en sí en realidad significa que él llegó al *final* de sí mismo, o en palabras de una traducción diferente, que «recapacitó» (NVI).

Trabajar en las porquerizas resultó ser providencialmente de beneficio eterno para el pródigo. Este joven que había estado tan intoxicado con diversiones mundanas y placeres terrenales, además de la compañía de malos sujetos, finalmente fue obligado a ir a un lugar de soledad... quizás por primera vez en su corta e irresponsable vida. Allí debió enfrentar de manera seria y de todo corazón la horrible realidad de aquello en que se había convertido. Mientras veía comer a los chanchos esas duras e insípidas algarrobas (nada más que basura indigesta para él), se vio anhelando llenar de *eso* su estómago.

No extraña que el hijo pródigo recapacitara. Es probable que al ver a esos mugrientos marranos revolcándose en el sucio barro y empujándose unos a otros mientras devoraban desperdicios ávidamente, él hubiera estado observando el reflejo de su propia vida. Ningún pecador se ha visto alguna vez frente a frente con una imagen más cruda de la vida de pecado (cf. 2 Pedro 2.22).

Aquí finalmente la trama cambia en una dirección que es un gran alivio para quienes hemos vivido de verdad la historia del hijo pródigo.

Nos podemos identificar con su situación. Hemos probado la amargura de la culpa del pecado y hemos sentido la desesperanza de su esclavitud. Y ansiamos que el hijo pródigo encuentre libertad.

Aquí viene la parte de la parábola que hemos estado esperando. Es el momento crucial central en la parábola del hijo pródigo: «Y *volviendo en sí...*» (Lucas 15.17).

Me gusta esa expresión, porque tácitamente reconoce lo que el oyente sobrio habrá sospechado desde el principio: Hasta este momento el hijo pródigo estaba *fuera de sí mismo*, fuera de su mente. Esto no sugiere que en realidad estuviera padeciendo de alguna clase de demencia clínica o enfermedad mental. Sin embargo, él iba tras una clase de vida que era nada menos que locura moral. Todo capítulo de la historia humana, y las experiencias personales de multitudes, atestiguan que el estilo de vida que escogió el pródigo es una ruta rápida hacia el aislamiento, la miseria y la total desesperación... y a veces sí lleva a las personas a la locura literal.

> Aquí viene la parte de la parábola que hemos estado esperando.... «Y volviendo en sí...» (Lucas 15.17).

Espiritualmente fuera de sí

El curso de la decadencia de este joven en realidad ilustra a la perfección por qué el pecado en sí es simplemente demencia espiritual. Recuerde el viaje del pródigo hasta ahora. Desde el momento en que exigió su herencia hasta cuando finalmente tocó fondo en el chiquero, nada de lo que hizo tuvo algún sentido racional. Él no tenía plan ni propósito. No había calculado el costo. Solo quería satisfacerse en placeres egoístas sin ningún límite ni restricciones. Por tanto se lanzó en una búsqueda sin dirección de «libertad» desenfrenada y vida de derroche.

Pero en vez de lujo y libertad encontró justamente lo opuesto. No solo despilfarró su rica herencia sino que también quedó atrapado en el estado más profundo de esclavitud. Perdió todo lo que había buscado. Pero hasta este mismo momento había seguido en el sendero de pecado. Sin duda estaba espiritualmente fuera de sí mismo.

Mentalmente fuera de sí

Mientras el hijo pródigo más seguía ese curso, más actuaba como si también estuviera mentalmente trastornado. Habiendo despilfarrado una fortuna en placeres pecaminosos, se encontró deseando llenarse con alimento incomible de cerdos. Sin duda sus comportamientos y pensamientos desesperados e irracionales eran característicos de un completo loco.

La verdad es que a cualquier observador objetivo que pudiera haberlo hallado en el campo viviendo con cerdos, el hijo pródigo se podría haber parecido mucho a un demente. Eso es lo cruel de la esclavitud del pecado.

> Su primera reacción al recuperar su sentido común fue planear cómo podría volver a su padre y a su hogar.

Por supuesto, el pecado es intrínsecamente irracional. Muy bien podríamos describir al pecado en sí como una clase de locura mental. Es la rebelión de la criatura contra el Creador, y eso no tiene sentido a ningún nivel. Pero lo absurdo del pecado es a menudo obvio en casos de pecado flagrante, pecado prolongado, y ciertas clases de pecado deliberado. Como pastor veo frecuentemente personas que han perdido tontamente las mejores bendiciones de la vida, sacrificando familia, trabajo y reputación, en una búsqueda demencial de los placeres del pecado (los cuales de todos modos solo son fugaces e ilusorios). En vez de los placeres que esperaban, se deprimen crónicamente, se enojan y se vuelven antisociales y cada vez más irracionales. De ese modo el pecado en realidad puede llevar a alguien literalmente a la demencia.

La mayoría de las misiones de rescate en grandes ciudades están llenas de personas que una vez funcionaron en un nivel bastante normal como miembros productivos de la sociedad, pero que fueron arrastrados a la soledad, la desesperación y al borde de la locura total porque siguieron a ciegas tras algún pecado favorito sin considerar seriamente las consecuencias potenciales.

El hijo pródigo muy bien estaba en la senda hacia esa clase de insensatez.

Volvió en sí

Al fin, sin embargo, exactamente cuando parecía haberse extinguido toda esperanza para el hermano menor, «volvió en sí». Despertó a la realidad. En la soledad de la hacienda de puercos se vio obligado a enfrentar aquello en que se había convertido, y eso de algún modo lo sacudió sacándolo de su insensibilidad. De repente comenzó a pensar con claridad. Su primera reacción al recuperar su sentido común fue planear cómo podría volver a su padre y a su hogar. Con todos sus recursos gastados, y abandonado por sus compañeros, no tenía ninguna parte adónde ir ni otros medios por los cuales sobrevivir. En verdad estaba al final del camino.

Así que por primera vez en su vida el hijo menor estaba decidido a alejarse de su pecado, someterse a la autoridad de su padre y rogarle que lo perdonara. Dio media vuelta y se dirigió a casa.

6

El regreso

Y levantándose, vino a su padre.

—Lucas 15.20

A LOS ESCRIBAS Y LOS FARISEOS LES RESULTABA INCOMPRENSIBLE LA idea de que alguien como el hijo pródigo alguna vez pudiera hallar cierta clase de perdón o redención. En primer lugar, ellos tomarían automáticamente una visión cínica de toda prueba de arrepentimiento que viniera de alguien que se había hundido tanto.

En segundo lugar, todo el concepto de justicia de escribas y fariseos era imperfecto, porque se basaba en gran manera en un sistema de mérito legal. Ellos creían que las personas debían *volverse* justas por medio de una vida de devoción a un sistema complejo de obras religiosas. Seguían un riguroso proceso de obediencia ceremonial a la Ley de Moisés, con énfasis particular en detalles superficiales y trivialidades sin ninguna importancia. Peor aun, habían recubierto la Ley de Dios con un laberinto desconcertante de inservibles tradiciones humanas. Creían que alguien debía observar todo eso diligentemente durante toda la vida para ser considerado justo. Por tanto, en su sistema teológico no tenían una categoría para explicar cómo el hijo pródigo se podría salvar alguna vez de la ira de Dios y buscarse el favor divino.

Un sorpresivo giro inesperado en la historia

Lucas describe a los fariseos como «unos que confiaban en sí mismos como justos, y *menospreciaban a los otros*» (Lucas 18.9, énfasis añadido). Opinaban que estaba justificado odiar a un rebelde como este. Suponían que el pródigo no tenía salvación, y hasta estarían perfectamente felices de que él recibiera su merecido por su pecado. El arrepentimiento del pródigo era para ellos una peculiaridad desagradable en una historia que ya tenía una enseñanza claramente definida acerca de las debidas consecuencias del pecado. Ellos estaban preparados para afirmar esa enseñanza... hasta que el pródigo se arrepintió. Entonces súbitamente el personaje central en la historia de Jesús se convirtió en un grave desafío para el sistema religioso de ellos.

Pero en la narración que Jesús hace de la parábola, la crisis del hijo pródigo en el chiquero era un momento crucial, no el fin de la historia. El pródigo se *arrepintió*. Y no se trató simplemente de un plan superficial para reconquistar la simpatía de su padre, ni de una treta rápida y sucia para recuperar las comodidades de su antigua vida.

Este arrepentimiento era sincero y profundo, y vemos su autenticidad en cada paso del plan que el pródigo hilvanó cuidadosamente para su regreso a la casa del padre. Cada aspecto de su arrepentimiento fue pensado a conciencia. Él comprendió al fin la manera atroz en que había pecado contra su padre. Ahora pudo ver que su padre *siempre* había sido misericordioso y bueno. Finalmente reconoció que él mismo había estado equivocado, que fue totalmente su falla (y su propio pecado) lo que lo había llevado tan bajo. Confesó libremente que no era digno de más gracia o favor.

De todos modos el pródigo planificó apelar a la tierna bondad del padre: «¡Cuántos jornaleros en casa de mi padre tienen abundancia de pan, y yo aquí perezco de hambre! Me levantaré e iré a mi padre, y le diré:

Padre, he pecado contra el cielo y contra ti. Ya no soy digno de ser llamado tu hijo; hazme como a uno de tus jornaleros» (Lucas 15.17-19).

Ese fue el *nuevo* plan, y era bueno. En vez de tratar de evadir la responsabilidad por su pecado, el hijo menor lo enfrentaría como es debido. En lugar de alejarse más, iría a casa. Haría una confesión total y se acogería a la misericordia de su padre. Después de todo, esta era la única esperanza que le quedaba.

> Haría una confesión total y se acogería a la misericordia de su padre. Después de todo, esta era la única esperanza que le quedaba.

Ahora habían desaparecido el amor por sí mismo y el pecado que una vez cegara al pródigo, y al fin este veía claramente las cosas. Tras todo el desastre que su pecado había aventado a su alrededor, comenzó a ser atractivo todo lo que una vez desdeñara y dejara atrás. Estaba consciente de que había perdido permanentemente su condición legítima de hijo, pero incluso ser jornalero de su padre sería mejor que vivir cuidando cerdos. Además, cualquier desgracia que pudiera enfrentar al regresar a casa era mínima comparada con la vergüenza de vivir con chanchos.

El breve discernimiento que Jesús pone en el corazón y la mente del pródigo es uno de los mejores y más claros ejemplos del verdadero arrepentimiento en toda la Biblia.

DAR LA CARA A LA REALIDAD

El primer paso importante en el regreso del pródigo involucraba dar una mirada sincera a su situación. Eso significaba enfrentar la horrible realidad de aquello en que se había convertido, aceptar la responsabilidad por lo que había hecho, reconocer la gravedad de su culpa, admitir su total desamparo, y volverse hacia alguien que le pudiera ayudar de verdad.

Aquí el progenitor regresa a la historia, y es importante que la primera señal de reingreso del padre en la parábola suceda en la mente del hijo pródigo. El joven recuerda finalmente a su padre. Esta es nuestra primera clave de que se ha dado un cambio importante en su corazón, porque cuando piensa esta vez en su padre no rechaza el pensamiento. Es más, encuentra un rayo de esperanza al recordar el misericordioso amor de su padre. «Dijo: ¡Cuántos jornaleros en casa de mi padre tienen abundancia de pan» (v. 17). Hasta al más humilde de los labradores de su padre le iba mejor que a él por cuenta propia. Él estaba consciente de que no merecía ni siquiera la posición de peón en la casa de su padre, pero también sabía que su padre era generoso, y eso le llegó a su pensamiento.

¡Cuán diferente fue esta actitud de la original, imprudente y desagradecida condición del muchacho hacia su padre! Desde el mismísimo principio parecía que su única motivación respecto a su padre era irse lo más lejos posible. Ni siquiera quedarse sin recursos cambió al instante su actitud. Recuerde que cuando se separaron por primera vez este tonto y su dinero, su respuesta inicial fue ofrecerse a un ciudadano, cuyo carácter parece haber juzgado bastante mal. En ese instante no hubo indicio de que el muchacho estuviera pensando para nada en su padre.

Es más, parece que si en ese momento el pródigo hubiera tenido algún pensamiento hacia su casa y su familia, al instante lo habría sacado de su mente. Quizás quería evitar la humilladora experiencia de admitir su equivocación. También sabía en su corazón que su padre tenía todo el derecho de tratarlo con severidad y no con misericordia. Es obvio que el joven tenía aún la idea equivocada de que al evadir responsabilidades, obligaciones y moral podría finalmente conseguir la clase de libertad que buscaba.

Pero al encontrarse ahora solo y atrapado sin salida en una clase verdaderamente seria de esclavitud, finalmente comprendió la locura de ese modo de pensar. El pecado podrá *prometer* libertad de responsabilidades y de restricciones morales, pero en realidad resulta siempre en un tipo peor de esclavitud: la marcha del pecado hacia la muerte (Romanos 6.16). Los pecadores atrapados en la telaraña del pecado están impotentes para soltarse o evitar la destrucción inevitable que ocasiona el pecado. Por eso el plan B del pródigo, su mejor estrategia para tratar de salirse del desorden en que se encontraba, estaba condenado al fracaso desde el principio. Esencialmente el ciudadano de quien buscó ayuda lo abandonó a su suerte en la hacienda con los cerdos. Las compañías del pecado siempre son así de inconstantes.

Pero cuando el pródigo fue forzado a la soledad virtual, con todo el tiempo en el mundo para reflexionar, sus pensamientos se volvieron finalmente hacia su padre. Y lo que sobresalió en la mente del muchacho fue la generosidad y amabilidad de su padre. Su padre también había contratado jornaleros, *muchos* jornaleros. Y cada uno de ellos tenía «abundancia de pan» (v. 17).

> El pecado podrá prometer libertad de responsabilidades y de restricciones morales, pero en realidad resulta siempre en un tipo peor de esclavitud.

Las siguientes palabras del hijo menor son importantes, porque expresan de modo breve y exacto lo desesperada que era su situación: «¡Y yo aquí perezco de hambre!» (v. 17). Es reconfortante la marcada sinceridad de esa admisión. No fue una exageración. Él estaba literalmente muriéndose de hambre. *Moriría* pronto si se quedaba en estas circunstancias. Era evidente que las punzadas del hambre y lo grave de su situación lo tenían en un incómodo rincón donde casi lo único que podía hacer era pensar. Sin embargo, es importante que esta sea la primera vez que habló de manera sincera y honesta de lo que *necesitaba*, en oposición a lo que simplemente *deseaba*.

Estoy seguro que aquí es donde siempre empieza el verdadero arrepentimiento: con una exacta evaluación de nuestra propia condición. Desde el pecador libertino que es un completo haragán (como este joven) hasta el fariseo más exigente y condescendiente, todos debemos enfrentar la realidad de la condición pecadora que hemos heredado de Adán y que nos ha convertido en indigentes espirituales. Ningún pecador tiene los medios para expiar su pecado, ni la capacidad de vencer el poder del pecado que nos agarra. Nuestro pecado nos ha puesto en una situación desesperada.

Desde luego, eso es mucho más difícil de reconocer para un pecador presuntuoso y respetable que para un desdichado cuidador de cerdos.

> Estoy seguro que aquí es donde siempre empieza el verdadero arrepentimiento: con una exacta evaluación de nuestra propia condición.

«Los sanos no tienen necesidad de médico, sino los enfermos» (Mateo 9.12). Enormes cantidades de individuos permanecen en tinieblas espirituales y bajo la condenación del cielo porque simplemente se niegan a confesar cuán necesitados están. Esa era precisamente la situación en que se encontraban los fariseos.

El pródigo, por otra parte, ya había perdido cualquier pretensión de dignidad y confianza en sí mismo que alguna vez pudo haber conservado. Ya no tenía recursos propios, nadie más le daba nada, y ni siquiera podía hurgar suficiente alimento de la comida de cerdos. Para él era absolutamente el final del camino, y eso fue lo que confesó.

Enfrentar de manera simple y sincera la realidad de sus propias circunstancias es lo que causó tan monumental cambio en la actitud del pródigo hacia su padre. Antes de esto no había mostrado la menor insinuación de respeto, afecto o hasta simple agradecimiento por su padre. Ahora se vio obligado a confesar que estaría muchísimo mejor en el más bajo nivel de servidumbre bajo su propio padre que lejos en la hacienda de puercos, cosechando los frutos amargos de su «libertad», y prácticamente enfrentando la muerte como recompensa por su necia búsqueda de placer egoísta. Tontamente había rechazado la superioridad de su padre cuando tenía la categoría de hijo. Ahora estaba bastante dispuesto a volver a ponerse bajo la autoridad de su padre como un bajo peón. Eso de cualquier modo constituía un escaño superior a donde ahora estaba. Además, era la única salida de este desastre que se abría ante él.

Su única esperanza:
Que se le permitiera ser peón

Para el hijo pródigo fue un verdadero y asombroso cambio abrupto llegar al punto en que hasta considerara ser jornalero de su padre, y es un muy claro indicador de que ahora comprendía cuán bajo había caído. La palabra griega traducida «jornalero» en este versículo es *misthios*; se refiere a peones contratados por días, los más bajos de todos los trabajadores en la escala económica. Esa clase de peón tenía en la cultura del siglo primero una posición más baja que un esclavo. A los esclavos se les proveía alojamiento, ropa y todas las necesidades de vida. A los siervos de confianza hasta se les ponía a cargo de importantes asuntos comerciales, y se les recompensaba cuando servían bien (Mateo 25.14-25). Muchos criados de familias (especialmente en grandes propiedades) eran personas educadas, cultas, honorables y muy calificadas cuyas posiciones para nada eran bajas. Nehemías, sirviendo como copero del rey de Persia

(Nehemías 1.11), es un ejemplo bíblico de un esclavo que disfrutaba honra y beneficios.

También se puede ver evidencia de la relativa comodidad que tenían algunos esclavos en las ruinas de la antigua Pompeya, un centro turístico que consta en gran parte de casas que pertenecieron a ricos ciudadanos romanos. Todo el pueblo se preservó casi en perfecto estado bajo las cenizas de una catastrófica erupción del Vesubio en el año 79 A.D. Por tanto, en Pompeya tenemos una vívida y breve mirada de cómo era la vida en el siglo primero. He tenido el privilegio de caminar allí en un par de ocasiones por la ciudad y por algunas de las casas. Por supuesto, las condiciones de vida de los criados de las familias típicas se caracterizaban generalmente por los espacios más austeros en las propiedades. Pero se suplían todas las necesidades de los criados, y estos vivían en una relativa comodidad. En algunos casos hasta disfrutaban de muchos lujos.

Los jornaleros contratados al día, por otra parte, eran los pobres más desesperados de la sociedad. A diferencia de los esclavos, no tenían amos que se preocuparan continuamente por ellos. Estaban solos, y vivían lo mejor que podían con lo que lograran ganar de día en día. Muchos de ellos eran indigentes y sin ninguna capacitación. Por consiguiente les asignaban los trabajos de menos importancia o no deseados. Por lo general los contrataban para hacer labores manuales temporales (durante cosechas, por ejemplo; cf. Mateo 20.1-16).

Además, a los jornaleros les pagaban un salario muy exiguo. Generalmente la tarifa se determinaba al inicio del día de trabajo, pero no siempre (vv. 13–15). Un denario por un día completo de trabajo era habitual, pero la cantidad real estaba a discreción de quien los contrataba. Los peones en sí no estaban en posición de negociar. La experiencia del pródigo como cuidador de puercos ilustra lo difícil que podía ser la vida para los obreros que se encontraban en ese bajo peldaño de la escala económica. Por lo general no había manera sencilla de subir desde allí.

Por ende los peones eran los más pobres de los pobres. Pero la ley del Antiguo Testamento tenía una provisión que protegía a los jornaleros: «No retendrás el salario del jornalero en tu casa hasta la mañana» (Levítico 19.13). Todo aquel que contrataba los servicios de un peón le debía pagar su salario ese mismo día. Ya que esos trabajadores necesitaban todo lo que podían ganar simplemente para arreglárselas de día en día, se consideraba injusto retenerles su salario hasta el día de pago programado al final de la semana o aun más tarde en el mes. Como demostró la experiencia del pródigo, no todo el mundo pagaba a peones de ínfima categoría lo suficiente para vivir, y fuera de Israel (donde no se aplicaba Levítico 19.13), quizás ni siquiera les pagaban de manera oportuna.

Pero el pródigo recordó que su padre pagaba más que suficiente aun al más bajo de sus jornaleros. En realidad a los peones asalariados que servían a su padre les sobraba comida. Eso confirma lo que ya habíamos observado respecto del carácter del padre. Él era generoso, bondadoso y compasivo. Con regularidad mostraba amabilidad a las personas haciendo no solo el mínimo de lo que exigían la ley del Antiguo Testamento y la costumbre social, sino aun más.

Al final la mente del hijo pródigo comprendió esa realidad. Atrapado en una dificultad realmente difícil, de pronto se dio cuenta de que su padre para nada era un hombre duro. Tampoco era un hombre indiferente sino amable, generoso, bueno y misericordioso.

UNA NUEVA PERSPECTIVA

Hemos recordado una vez más que el hijo pródigo de pronto estaba viendo *todo* en una nueva luz, comprendiendo por primera vez algunas verdades vitales que nunca antes se había detenido a ver. Al haber vivido todos esos años con un punto de vista superficial, materialista y egocéntrico aparentemente no había notado o considerado la realidad de que su padre trataba muy bien a sus jornaleros. Nunca antes había apreciado de veras a su padre. Pero probar la realidad le había dado una perspectiva totalmente nueva. En todos sus viajes y sus tratos con personas que participaron de los valores materiales de él, nunca había conocido otra persona tan bondadosa y generosa como su padre.

El estilo de vida de búsqueda de placeres simplemente no es propicio para valores como compasión, generosidad y bondad. Esa es la dura realidad de la vida en el mundo real… incluso hasta en la actualidad.

Un observador de afuera podría pensar: *Un momento. Este joven ha desacreditado y deshonrado por completo a su padre ante su propio pueblo. Sería una locura suponer que podía contar con la compasión de su padre. ¿A quién le importa si el padre es un hombre amable? Debía estar furioso con su hijo caprichoso. Este padre recibió deshonra de su propio hijo, y se avergonzó a sí mismo al ceder a las exigencias originales del muchacho. He aquí una oportunidad de recobrar algo de honor castigándolo severamente.* No hay duda de que eso es lo que estarían pensando los fariseos. Estos con seguridad no le habrían mostrado ninguna compasión a este joven voluble.

Pero el pródigo conocía mejor a su padre. Parecía haber tenido poco temor de que su padre fuera vengativo hacia él. Sabía que su padre era misericordioso, aunque conscientemente no lo hubiera creído antes. Ahora que no le quedaba otra alternativa, el joven finalmente estaba listo para regresar a casa.

Esta es la naturaleza del arrepentimiento que se describe en la Biblia. La palabra griega para arrepentimiento en todo el Nuevo Testamento es *metanoia*, y su significado literal habla de un cambio de opinión, una transformación total en la manera de pensar. Pero el modo en que se emplea la expresión a través de la Biblia clarifica que el arrepentimiento es mucho más que un cambio simple o superficial respecto de algo. Encierra una forma totalmente nueva de ver la vida: una transformación fundamental de filosofía de vida.

A veces los teólogos han discutido por cuestiones como si el arrepentimiento expresara cambio de opinión respecto de Dios, rechazo consciente del pecado, o (como supe que sugiere un conocido maestro) un simple cambio de creencia

> Ahora que no le quedaba otra alternativa, el joven finalmente estaba listo para regresar a casa.

acerca de quién es en realidad Jesús. La verdad es que el auténtico arrepentimiento encierra *todos* esos aspectos. No se trata de un cambio temporal de estado de ánimo sino de un giro total poderoso, agudo, que estremece el alma, que altera la vida, y que produce un cambio de actitud. Es el fruto de la obra regeneradora de Dios, el cual la Biblia representa como la implantación de corazón y espíritu totalmente nuevos (Ezequiel 11.19-20).

Se puede ver evidencia de verdadero arrepentimiento en los primeros pensamientos del pródigo después de finalmente recapacitar. Esos pensamientos son semilleros que a largo plazo llevan abundante fruto… si se plantan en buena tierra. El corazón del pródigo, ahora en barbecho por las dolorosas consecuencias de su pecado, era evidentemente buena tierra. Observe que su actitud hacia su padre era distinta. Su disposición de reconocer su propio pecado era nueva. Sus deseos habían cambiado. De adentro hacia fuera era un hombre muy diferente.

En consecuencia, el pródigo estaba finalmente dispuesto a humillarse, admitir su terrible pecado, reconocer su vergüenza, enfrentar al padre contra quien había pecado de manera tan grave, y volver a entrar a la comunidad donde había deshonrado tan mal su propio nombre.

REACCIONES ANTE EL CAMBIO
DE OPINIÓN DEL PRÓDIGO

Como hemos visto, esta parábola fue hecha para una cultura agrícola del Medio Oriente. La audiencia de Jesús comprendía claramente las descripciones, y estaba consciente que el hijo pródigo se había provocado una desgracia de la cual parecía no haber manera terrenal de escapar. Por lo que todos estarían profundamente conmovidos por el cambio de idea del pródigo... aunque de diferente manera.

Por una parte, quienes entendían el problema del joven y se identificaban con él (individuos que asimismo estaban hartos de pecar, desanimados y anhelando salir de cualquier pocilga en que se habían convertido sus vidas) encontrarían un rayo de esperanza en el cambio abrupto del pródigo. Los oídos de ellos se reanimarían para ver si el pródigo encontraría redención. ¿O estaba completamente sin esperanzas al no poder volver atrás? Jesús había enmarcado a propósito la trama para que pareciera de ese modo.

Por otra parte, aquellos que escuchaban por medio del filtro de una filosofía farisaica de vida ya habían dado completamente por perdido al muchacho. En su opinión, simplemente no había forma de volver de la desgracia y la degradación dentro de la cual se había hundido. A juicio de ellos, tal pecado fue tan irreparablemente depravador que era (para todo propósito práctico) imperdonable. Esa fue después de todo la misma razón que objetaron ante la costumbre de Jesús de rodearse de publicanos y otros marginados sociales. Si algunos fariseos en la audiencia creían que hubiera aun el más pequeño indicio de una posibilidad de que el pródigo lograra encontrar perdón alguna vez, estaban seguros de que este perdón llegaría solo después de un largo y arduo tiempo de duro esfuerzo y de castigo a fin de *ganarse* la clemencia de su padre.

En realidad, es probable que esa fuera la suposición común de todo aquel que escuchaba a Jesús mientras contaba esta parábola. Desde los fariseos más devotos hasta los pecadores más desesperados (en particular quienes esperaban encontrar alguna clase de liberación para sí mismos), prácticamente todos los oyentes de Jesús tendrían en común esta presuposición: si el pródigo tenía alguna esperanza de redención en absoluto, esta yacía en una vida de riguroso esfuerzo para expiar sus delitos.

En otras palabras, todos los oyentes de Jesús comprenderían de modo intuitivo el curso de acción planeado del hijo pródigo. Él estaba pensando en la manera en que pensaría cualquiera en esa cultura. El honor de la familia era un asunto serio, y quien hubiera deshonrado así a su padre merecía francamente ser tratado como un hombre muerto: totalmente repudiado y olvidado, y negada su misma existencia.

Todos comprendían por completo que si el hijo estaba arrepentido de veras tendría que arrastrarse de vuelta a su padre como un mendigo. Tendría que expresar verbalmente su arrepentimiento, ser humillado y despreciado con severidad, cargar con toda la vergüenza pública a la que había sometido a su familia, y hacer todo lo que pudiera para hacer restitución. En esa cultura, donde honra y vergüenza significaban mucho, simplemente se entendían esas cosas. Era la única manera de restaurar el honor del padre. Era el único modo de que el hijo recobrara alguna hilacha de dignidad. Eso es lo que el joven debía hacer, y eso es exactamente lo que planeó hacer.

> Prácticamente todos los oyentes de Jesús tendrían en común esta presuposición: si el pródigo tenía alguna esperanza de redención en absoluto, esta yacía en una vida de riguroso esfuerzo para expiar sus delitos.

El pródigo estaba listo. Estaba destrozado. Estaba solo. Estaba abatido. Estaba arrepentido. Creía en su padre.

En realidad, esta es una representación maravillosa del arrepentimiento que acompaña la salvación, debido a la forma en que su arrepentimiento está confusamente ligado con fe en su padre. Él confía en la misericordia de su padre. Por tanto, el arrepentimiento atrae hacia el padre el corazón y los pensamientos del pródigo, en vez de enviarlo a huir aun más lejos. Eso es exactamente lo que marca la diferencia entre simple remordimiento y arrepentimiento auténtico y redentor.

PLANIFICACIÓN MINUCIOSA DE LAS COSAS

Lejos de ser un cambio de opinión o un ejercicio intelectual, el verdadero arrepentimiento se demuestra siempre en el quebrantamiento de la voluntad propia del pecador. El pecador que ha intentado desesperadamente esconderse de Dios lo busca ahora con diligencia. Aparte de esta cualidad, toda la tristeza en el mundo es solo remordimiento sin sentido.

> Lejos de ser un cambio de opinión o un ejercicio intelectual, el verdadero arrepentimiento se demuestra siempre en el quebrantamiento de la voluntad propia del pecador.

Recuerde por ejemplo que Esaú se arrepintió de haber vendido su primogenitura, y que lloró con amargura mientras rogaba por volver a tenerla (Hebreos 12.17). Ese no fue verdadero arrepentimiento. Judas confesó que su traición fue un error, devolvió el dinero que obtuvo por traicionar a Cristo, y luego fue y se colgó (Mateo 27.3-5). Ese tampoco fue verdadero arrepentimiento.

Por otra parte, David en el Salmo 51 huyó directamente a la presencia de Dios y suplicó: «No me eches de delante de ti, y no quites de mí tu santo Espíritu» (v. 11). Comentando este pasaje, D. Martyn Lloyd-Jones, escribió:

No dudo en afirmar que esta es quizás la prueba más discreta y delicada de si nos hemos arrepentido, o de dónde estamos: nuestra actitud hacia Dios. ¿Lo ha notado usted en el salmo? Dios es el único contra quien David ha pecado, y sin embargo a Dios es al único a quien desea por sobre todo. Esa es la diferencia entre remordimiento y arrepentimiento. El hombre que no se ha arrepentido, pero que solo experimenta remordimiento, evita a Dios cuando comprende que ha hecho algo contra Dios…. El hombre a quien el Espíritu del Señor aun no ha tratado, y que aún no ha sido convencido ni se ha declarado culpable, intenta alejarse de Dios, de evitarlo a cualquier costo. No medita, no lee la Biblia, no ora; hace todo lo posible por no pensar en estas cosas. Pero lo extraordinario acerca del hombre que está convencido de pecado por el Espíritu Santo es que aunque sabe que ha pecado contra Dios, es a Dios a quien quiere: «Ten piedad de mí, oh Dios». Él quiere estar con Dios… esa es la paradoja peculiar del arrepentimiento: ¡querer a quien he ofendido![1]

Así es como obra el arrepentimiento. Por sobre todo el pecador vuelve en sí y en sus sentidos. Empieza a ver la realidad y evalúa dónde se encuentra. Comprende que se dirige de modo inevitable hacia la muerte, la destrucción y la condenación eterna. No se puede mantener en la misma dirección, así que se vuelve hacia el Padre, a quien ha deshonrado. Al haber estado oculto toda una vida, ahora solo quiere estar en la presencia del Padre. Por tanto está dispuesto a reconocer su culpa y soportar la vergüenza que la acompaña. Está dispuesto a hacer todo lo posible para honrar a Aquel a quien ha desobedecido tanto.

Pero algo *también* le dice al pecador que puede entregarse a la misericordia, el perdón y el amor del Padre… y encontrar alguna clase de aceptación. Esta es la otra cara del verdadero arrepentimiento, y es la mismísima esencia de la fe salvadora.

Lo siguiente para el arrepentimiento del hijo pródigo sería humillación, lloro y hasta vergüenza. Hay un elemento de todo eso en cualquier clase de arrepentimiento; pero no importa para quienes se arrepienten de veras.

Se ve la evidencia de ese espíritu en la autoacusación del hijo pródigo cuando planeaba su regreso: «He pecado contra el cielo y contra ti» (Lucas 15.18). La expresión griega habla literalmente de pecar «*dentro del cielo*». Podría sugerir que él creía que su pecado era un enorme montón como una montaña que asciende hacia el cielo.

Esto podría ser un eco de Esdras 9.6: «Dios mío, confuso y avergonzado estoy para levantar, oh Dios mío, mi rostro a ti, porque nuestras iniquidades se han multiplicado sobre nuestra cabeza, y nuestros delitos han crecido hasta el cielo». Esdras no estaba ocultando nada. Este fue verdadero arrepentimiento, como lo evidencia tan completa abnegación. Toda su vida había sido un desastre total, y ahora —frente a la muerte, y sin nadie a quién culpar sino a sí mismo— estaba repudiándolo todo. Eso es lo que significa abnegación, en el sentido en que Jesús lo pide: «Si alguno quiere venir en pos de mí, niéguese» (Lucas 9.23).

No había duda de *si* el hijo pródigo debía ir a casa o no. Había llegado al punto en que el único camino en que podría sobrevivir era volverse hacia el padre a quien había rechazado. Sus únicos pensamientos ahora eran respecto a *cómo* hacerlo.

Me encanta el modo en que el pródigo ensaya cómo expresar verbalmente su arrepentimiento. Prueba que cuando *dijo* que se responsabilizaba por su propio mal, eso quería decir. Él había considerado detenidamente el asunto. No tenía expectativas, no pedía privilegios especiales, y no hacía exigencias. No estaba negociando términos de rendición. El joven renunció de modo total e incondicional a sus derechos. Simplemente confesó su pecado, se abandonó en la misericordia de su padre, y suplicó que lo aceptara como el más insignificante de los criados.

¿Creyó de veras el muchacho que podía arreglárselas para volver a tener el favor de su padre? Sea que creyera que podría lograrlo o no, tenía que *intentarlo*. Así es como la cultura religiosa de la época de Jesús enseñaba al pueblo a pensar. Desde luego, él esperaba algo de misericordia. Pero estaba *dispuesto* a hacer cualquier cosa que pudiera hacia la restitución.

El pródigo estaba en la misma situación que el siervo en la parábola de Mateo 18.22-35, quien «debía diez mil talentos» (v. 24), una cantidad incomprensible, mucho más grande que la deuda nacional de un país del tamaño de Israel en esos días. (¿A cuánto ascendía? En 2 Reyes 18.14, Senaquerib impuso al rey Ezequías un tributo de «treinta talentos de oro». Mejores cálculos sugieren que tal vez treinta talentos ascendían como a setenta libras de oro. Por tanto, ¡diez mil talentos equivaldrían a más de 11,6 toneladas de oro!) Esa era una enorme deuda personal, y totalmente imposible de que cualquier siervo pudiera ganarla trabajando. Sin embargo el siervo suplicó que le permitieran intentarlo. Se postró frente al amo y rogó: «Señor, ten paciencia conmigo, y yo te lo pagaré todo» (Mateo 18.26). Y el amo tuvo compasión y sencillamente lo perdonó.

El hijo pródigo estaba en una posición similar. No había modo de que alguna vez pudiera restituirlo todo. No obstante estaba dispuesto a sacrificar todo por el resto de su vida para hacer cualquier cosa que pudiera.

Los fariseos y prácticamente todos los demás en la multitud comprendían exactamente lo que pensaba el joven. Eso era justo lo que *debía* hacer. La doctrina de los fariseos se basaba en esforzarse por obtener el favor divino. El pródigo estaba arrepentido, y confiaba lo suficiente en su padre como para regresar a casa. Pero en lo concerniente a los fariseos eso no iba a ser suficiente. Él aún debía arreglárselas para obtener otra vez la buena gracia del padre. Esa es teología farisea pura. (Esencialmente también es lo que toda religión humana enseña en el mundo.)

La mayoría de la gente en la audiencia de Jesús pensaba de la misma forma. Si creían en el papel de Dios en la redención, relacionaban su gracia solo como un clemente complemento a cualquier esfuerzo que el pecador mismo pudiera poner para asegurar el favor. Ellos no disponían del concepto de una misericordia tan grande que el Padre concediera perdón total y reconciliación inmediata antes de que el pecador ni siquiera hubiera realizado alguna obra. La parábola de Jesús estaba a punto de hacerles estallar toda su filosofía de vida.

> Ellos no disponían del concepto de una misericordia tan grande que el Padre concediera perdón total y reconciliación inmediata antes de que el pecador ni siquiera hubiera realizado alguna obra.

EL CUMPLIMIENTO DEL PLAN

Un claro indicio de que el arrepentimiento del pródigo era verdadero se ve en el simple hecho de que siguió adelante con lo que se dijo que haría. «Y levantándose, vino a su padre» (Lucas 15.20). Sus planes no fueron como una resolución poco entusiasta de Año Nuevo que solo cumpliría mientras fuera conveniente hacerlo. Su «Haré esto…» fue una expresión verdadera de una intención totalmente nueva. Aparentemente cumplió de inmediato su promesa, sin vacilación. Ese es otro factor que separa el verdadero arrepentimiento del simple remordimiento.

Para el hijo pródigo no bastaba con decir: «He pecado» (y simplemente revolcarse en su propia desesperación) mientras permanecía en la provincia apartada. Debía ir hasta su padre y hacer esa confesión directamente a aquel con quien había sido injusto. Esa era la prueba final de que su arrepentimiento era verdadero, y de que no habría cambio en sus circunstancias hasta que hubiera seguido adelante con ese aspecto.

De modo que por cualquier medio que pudo, el hijo pródigo regresó de la provincia apartada. No se dan detalles de *cómo* hizo el viaje. Ese aspecto de la historia solo fue incidental. Pero vale la pena considerar brevemente que el trayecto a casa habría sido totalmente distinto, y mil veces más difícil, que su partida original hacia la aventura en la provincia lejana. Esta vez se hallaba por completo sin recursos, su energía se había agotado, su corazón estaba quebrantado, se encontraba totalmente sin amigos, y prácticamente al borde de morir de hambre. No pudo haber sido una expedición fácil.

Pero el hijo menor mantuvo su resolución de continuar con su arrepentimiento. Sabemos esto porque cuando llegó a casa, y lo recibió su padre, comenzó de inmediato a articular la confesión que había ensayado... al pie de la letra. Esas palabras reflejan entonces lo que había realmente en su corazón. Esta no fue una actuación poco entusiasta ingeniada para engañar al padre. Se trataba de arrepentimiento profundo, auténtico y sincero.

Además, el pródigo vino directamente al padre, no a un intermediario. No necesitó un mediador. Él no estaba negociando términos de rendición. No iba a pretender que su falla era en parte culpa de su padre, y luego tratar el asunto como una disputa personal que se debía resolver por medio de intervención, arbitraje o mediación. Él estaba reconociendo sin condiciones y sin reservas que había tratado de forma injusta a su padre, y luego tener que vérselas con la misericordia de su padre.

> Considere esto: de todas las iniquidades que se había permitido el pródigo, el único pecado con el mayor potencial para el mal era la gran distancia que había puesto entre él y su padre.

Considere esto: de todas las iniquidades que se había permitido el pródigo, el único pecado con el mayor potencial para el mal era la gran distancia que había puesto entre él y su padre. Él estaba decidido a remediar esa trasgresión antes que nada. Todo lo demás llegaría en su tiempo.

Ahora el joven estaba viendo las cosas con más claridad. No había puntos para sacar a relucir. Ya no había necesidad de meditar más en el plan. Ahora era el momento de actuar. «Y levantándose, vino a su padre» (v. 20).

El pródigo por fin estaba volviendo a casa.

PARTE 3
El padre

Y levantándose, vino a su padre. Y cuando aún estaba lejos, lo vio su padre, y fue movido a misericordia, y corrió, y se echó sobre su cuello, y le besó. Y el hijo le dijo: Padre, he pecado contra el cielo y contra ti, y ya no soy digno de ser llamado tu hijo. Pero el padre dijo a sus siervos: Sacad el mejor vestido, y vestidle; y poned un anillo en su mano, y calzado en sus pies. Y traed el becerro gordo y matadlo, y comamos y hagamos fiesta; porque este mi hijo muerto era, y ha revivido; se había perdido, y es hallado. Y comenzaron a regocijarse.

—Lucas 15.20–24

7

Su perdón

Y cuando aún estaba lejos, lo vio su padre, y fue movido a misericordia,
y corrió, y se echó sobre su cuello, y le besó.

—Lucas 15.20

SIN DUDA LOS ESCRIBAS Y LOS FARISEOS ESPERABAN QUE EL PADRE
del hijo pródigo dejara caer con fuerza el martillo sobre el caprichoso
joven. Después de todo, el honor del padre se había convertido en vergüenza por la rebelión de su hijo, y el padre había traído más vergüenza sobre sí por la indulgente manera en que al principio respondió al
muchacho. Era de esperar que este padre hubiera aprendido una lección
aun más valiosa que cualquier sabiduría práctica que el pródigo hubiera
obtenido de sus experiencias. Cualquier padre con una adecuada preocupación respecto del honor de su propio nombre y de la reputación de la
familia vería ahora que un muchacho como este recibiera el pago justo y
total de todas sus trasgresiones, ¿correcto?

Tenga en cuenta que Jesús estaba contando esta parábola principalmente en beneficio de los escribas y los fariseos. En una historia llena de
vergüenza, impresión y sorpresas, ellos no obstante estaban de acuerdo
con él hasta aquí. Así es, estaban sorprendidos en gran manera y hasta
escépticos en la parte correspondiente al arrepentimiento del pródigo.

Pero definitivamente afirmarían el curso de acción planeado del muchacho: ir a casa, humillarse, confesar que se había equivocado, renunciar a
todos los derechos de su posición como hijo, y trabajar como jornalero en
un papel de marginado mientras llevaba a cabo la restitución. Todo eso,
según la manera de pensar de ellos, era exactamente lo que el caprichoso
joven debía hacer. *Finalmente, ¡algo de cordura en esta historia!*

LA PERSPECTIVA DE LOS FARISEOS HASTA AQUÍ

Las graves faltas de la conducta inicial del hijo pródigo seguían siendo
un obstáculo enorme y casi infranqueable, que impedía a los fariseos
mostrarle algo de empatía o compasión. Ellos simplemente no podían
oír de tan vergonzosa conducta sin quedar efusiva y permanentemente
ofendidos. Así lo exigía su filosofía de vida. Solo pensar en esa clase
de pecado les era tan desagradable, que para todo propósito práctico
lo trataban como imperdonable. Después de todo, su apariencia pública conservada cuidadosamente estaba diseñada para mostrar desprecio
por todo lo personificado en el envilecimiento personal del pródigo:
rebelión, materialismo y otras formas manifiestas de mala conducta
evidente. Cuando alguien así expresaba alguna clase de arrepentimiento, era incluso para ellos una ocasión de menosprecio. Sin duda no
tenían en su teología ninguna categoría para mostrar gracia a esa clase
de pecador.

De ahí que ahora que el muchacho regresaba a casa, los fariseos esperaban que recibiera su merecido. La única pregunta era cómo y cuánto
castigaría el padre al muchacho... para salvar su propio honor y para
avergonzar al muchacho del modo que merecía. Aquí estaba la parte
de la historia que más cautivaba y atraía a sus mentes legalistas. A estas
alturas estaban absortos.

De un aspecto estaban seguros los fariseos: no podía haber perdón *instantáneo*. Tampoco era probable que el pródigo fuera alguna vez digno de reconciliación *total* con su padre. Si el rebelde quería ahora regresar a casa, sencillamente tendría que tomar su medicina en dosis completas.

Según el mejor de los panoramas de los fariseos, el escarmentado hijo sería excluido de la comunión familiar. Probablemente viviría como un paria en las afueras de la propiedad de su padre, llevando en los hombros la vana carga de tratar por el resto de su vida de cancelar su deuda al padre. Después de todo, eso era mostrar demasiada misericordia, comparado especialmente con lo que exigía la justicia (Deuteronomio 28.18–21).

El muchacho podría ganar bajo ese arreglo un salario decente y hasta tener un lugar permanente donde vivir en las habitaciones de la servidumbre... seguridad laboral y sueldo llevadero. Ya no enfrentaría la amenaza diaria de inanición. Pero eso era todo. No tendría privilegios especiales. No solo que no volvería a ser un hijo sino que no tendría ninguna posición en absoluto. ¿Por qué debería tenerla? *Él* fue quien renunció a su herencia y decidió vivir como gentil. Al hacer eso perdió para siempre todos los derechos que fueron suyos en la casa de su padre. Ya no tendría parte en la propiedad paterna. Después de todo ya había recibido toda su herencia, la había liquidado por mucho menos de su valor, y la había despilfarrado. Recuerde que si el padre seguía los convencionalismos sociales, ya habría subrayado a su propia familia la abjuración del pródigo con la finalidad de tener un funeral para el muchacho poco después de irse de la casa.

En lo que respecta a los fariseos, el pródigo ya estaba muerto para su padre. Se podría considerar de verdad afortunado aun si el padre aceptara su solicitud de contratarlo como peón. Eso era todo lo que demandaba la misericordia, y era la mejor opción que el hijo arrepentido podría esperar. Pero aún tendría que trabajar duro toda la vida como jornalero. Así es exactamente como se suponía que se manejaban las cosas.

Por tanto lo que sucedió a continuación fue una sacudida sísmica para la filosofía de vida de los fariseos. Pondrían los ojos en blanco y negarían con la cabeza, escandalizados e indignados ante el recibimiento que el padre dio al hijo pródigo.

LO QUE TODOS ESPERABAN

A medida que el hijo pródigo se aproximaba a la casa de su padre, la realidad y la urgencia de su situación debieron haber estado frente a todo su pensamiento. Ahora su vida dependía totalmente de la misericordia de su padre. No tendría ninguna esperanza sin los recursos del padre. Sin duda todos los demás en el pueblo lo despreciarían; la gente *debía* hacer eso para proteger su propio honor. En consecuencia el pródigo estaba indefenso en el aire entre la vida y la muerte, y estaría perdido si su padre le daba la espalda. Nadie en esa cultura ni siquiera pensaría en alojarlo si su propio padre lo declaraba marginado. Por tanto, *todo* dependía de la respuesta de su padre.

Cuando el pródigo se acercaba a su casa debió haber ensayado su ruego docenas, y tal vez cientos, de veces. «Padre, he pecado contra el cielo y contra ti. Ya no soy digno de ser llamado tu hijo; hazme como a uno de tus jornaleros» (Lucas 15.18-19).

> Ahora su vida dependía totalmente de la misericordia de su padre.

Quizás el joven se preguntaba cómo parecería esa solicitud a mentes razonables. *¿Era vergonzoso para él que buscara la compasión de su padre? ¿Estaba exigiendo demasiado al pedir algún favor?* Así es como se podría sentir el individuo típico en esa cultura. Así es sin duda como lo veían los fariseos. La conciencia del pródigo le remordería con recuerdos de las tonterías y las perversidades que había hecho, que deshonraron a su padre. ¿Quién era él para pedir ayuda ahora, en especial cuando le habían dado tanto y lo había despilfarrado todo, y que por consiguiente no le quedaba nada de verdadero valor para ofrecer a cambio de la bondad de su padre? ¿Y si el padre tomaba su súplica de clemencia como otra petición escandalosa y se apartara de él para siempre?

En esa cultura de honor, especialmente en una situación como esta, no sería nada extraordinario si el padre simplemente se negara a reunirse con el muchacho cara a cara. Es más, aunque el padre estuviera predispuesto a conceder una audiencia al hijo arrepentido, sería típicamente muy justo castigarlo primero por hacer de su vergüenza un espectáculo público. Por ejemplo, en esas circunstancias un padre podría hacer que el hijo se sentara fuera de la puerta a la vista de los demás por varios días, haciéndole absorber algo de la deshonra que había provocado sobre su familia. El muchacho estaría completamente expuesto a los elementos, y peor aun, al total escarnio de la comunidad entera.

Como usted ve, en un pueblo típico donde todos conocen a los demás, entenderían al instante la importancia de tal gesto del padre. Si un padre negaba a su propio hijo una reunión inmediata cara a cara, y en vez de eso lo hiciera sentar en la plaza pública, todo el pueblo trataría con total desprecio al muchacho, burlándose y maltratándolo de palabra y quizás hasta escupiéndolo. Las personas menos privilegiadas en la comunidad se saldrían de su camino para mostrar su desprecio por este muchacho que fue bendecido con todas las ventajas y las desperdició. Ninguna vejación sería demasiado grande para amontonar sobre su cabeza. Él solo tendría que sentarse allí y recibirla mientras esperaba.

Eso podría parecer duro, pero recuerde que el castigo total prescrito por la Ley de Moisés para un hijo rebelde era muerte por apedreamiento público. Las instrucciones en la Ley ordenaban que «todos los hombres de su ciudad lo apedrearán, y morirá; así quitarás el mal de en medio de ti» (Deuteronomio 21.21). Por tanto la humillación pública, en vez de muerte a pedradas, en realidad era una misericordia que el muchacho no merecía. Y en esa cultura donde el honor y la vergüenza significaban tanto, el profundo desprecio de la comunidad por la conducta de este muchacho prácticamente exigía alguna clase de expresión.

Lo más probable es que esa fuese exactamente la clase de trato que esperara el hijo pródigo. Era el costo de la readmisión al pueblo que él había rechazado. Esta era solo una fase de un largo proceso que debía estar preparado a soportar. Si el pródigo hubiera considerado el costo del arrepentimiento, tal trato ni siquiera debería haberlo tomado por sorpresa. Según las costumbres sociales de esa cultura, al haber sido la causa de tanta vergüenza, *debía* ahora ser avergonzado por todos los demás como parte vital de la justa retribución que merecía. Él mismo se había convertido en paria; tendría que esperar que lo trataran en consecuencia.

Después de esperar algunos días en esa condición, si el padre decidía concederle una audiencia —suponiendo que estuviera dispuesto a extender cierto grado de misericordia al hijo rebelde— se esperaría que este se inclinara y besara los pies del padre. Nada de abrazos. Ni siquiera estaría bien que permaneciera de pie y besara la mano del padre. El único comportamiento adecuado para tal hijo sería caer postrado con el rostro en tierra ante el padre a quien había deshonrado.

Lo más probable es que el padre recibiera al joven con cierta medida de fría indiferencia. Para guardar las apariencias, el padre debería enfocar formalmente el arreglo, como un trato comercial, sin mostrar nada de afecto o ternura manifiesta hacia el muchacho. No debe haber negociación; el padre simplemente declararía los términos del empleo, explicándole lo que se le exigía, qué clase de tareas podía el joven esperar que se le asignaran, y cuánto tiempo tendría que servir antes de que se le pudiera dar el más mínimo privilegio.

UNA ANALOGÍA DEL ANTIGUO TESTAMENTO:
JOSÉ Y SUS HERMANOS

Hay una interesante similitud a esta situación en el relato del Antiguo Testamento sobre la reconciliación de José con sus hermanos. La mayoría de las personas deben conocer la historia: Cómo los hermanos de José lo vendieron como esclavo, y sin embargo él se levantó milagrosamente a pesar de todo sufrimiento y contratiempo imaginable hasta convertirse en el segundo hombre más poderoso en Egipto.

Años después, cuando los hermanos fueron obligados por el hambre a ir a Egipto para buscar ayuda, se encontraron con José sin darse cuenta quién era. Al principio (hasta que supo por ellos el paradero de su padre y su hermano menor), José los trató con severidad y amenazas. Desde luego, él no tenía intención de hacerles daño. Pero a fin de obtener la cooperación y la total sinceridad de ellos (y quizás para descubrir si al menos estaban un poco arrepentidos por su pecado contra él) José usó su autoridad para sacar un buen provecho. Hizo sudar a sus hermanos (parece que por varios días o semanas) hasta que estuvo listo para revelarles quién era y garantizarles el perdón.

Por supuesto, José no estaba obligado a mostrar a sus hermanos esa clase de favor, y tenía todo el derecho de castigarlos por lo que le habían hecho. Ellos también lo sabían. Temían lo que José les pudiera hacer aun después de que les revelara su identidad y los recibiera llorando. Cuando murió Jacob, su padre, ellos creyeron que José podría tratar de vengarse, por lo que se ofrecieron como siervos de él (Génesis 50.18). Entonces José clarificó rotundamente que los perdonaba de manera total e incondicional.

Pero el perdón de José hacia sus hermanos fue una acción extraordinaria, espiritual y excelente de uno de los personajes más conocidos en la historia de Israel. Nadie esperaría algo como eso de parte del padre del hijo pródigo: ni el mismo pródigo, ni los aldeanos en la comunidad de su padre, ni su hermano mayor, ni las personas en la audiencia de Jesús, y sin duda ni los fariseos.

CÓMO CAMBIÓ LA TRAMA

La parábola de Jesús tomó en este momento otro giro dramático e inesperado. Aquí estaba un padre no solo dispuesto a conceder gran cantidad de misericordia a cambio de la promesa de una vida de meritorio servicio, sino *ansioso* por perdonar libre y totalmente a la primera señal de arrepentimiento: «Cuando aún estaba lejos, lo vio su padre, y fue movido a misericordia, y corrió, y se echó sobre su cuello, y le besó» (Lucas 15.20).

Es obvio que el padre estaba esperando diligentemente el regreso del pródigo. ¿Cómo más pudo haberlo visto cuando aún estaba lejos? Sin temor a equivocarnos podemos imaginar que el padre había estado mirando fijamente, oteando el horizonte todos los días, reiteradamente, en busca de señales del regreso del muchacho. Quizás también había estado haciendo eso por bastante tiempo… y tal vez ni siquiera volvió a salir después del impacto inicial de la partida del hijo.

Era evidente que la pena aún no se había ido, porque el padre todavía vigilaba. Se la pasaba observando a diario, desconsolado pero con esperanza, soportando en privado el atroz dolor del amor sufrido por su hijo. Sin duda alguna él sabía que la clase de vida que su hijo había escogido lo conduciría al final del camino. Desesperadamente esperaba que el muchacho sobreviviera y regresara a casa. Así que pasaba su tiempo libre observando esperanzado. Debió haber subido al punto más alto de su propiedad, quizás sobre una torre o un tejado, y pasaría las horas muertas escudriñando el horizonte, orando por el seguro regreso del joven, y pensando en cómo sería cuando volviera su hijo, y si lo haría. Es muy probable que un hombre como este padre hubiera considerado muchas veces este panorama.

Era de día cuando el padre finalmente divisó al chico caprichoso. (Sabemos ese detalle porque es la única manera de que lo pudiera haber visto «cuando aún estaba lejos».) Eso significaba que el centro del pueblo estaría lleno de personas. Los mercados estarían abarrotados de vendedores, compradores y mujeres con hijos, y sentados en la plaza pública los ancianos observarían la animada actividad. Sin duda en el instante en que el hijo se habría acercado a la aldea, alguien lo reconocería y anunciaría a gritos la noticia de su regreso. Probablemente alguien más correría para contarle al padre.

¿Por qué entonces el padre estaba vigilando? ¿Y por qué corrió hacia el hijo en vez de esperar que el muchacho se le acercara? En primer lugar, y lo más obvio, el padre estaba ansioso de verdad por iniciar el perdón y la reconciliación con su hijo. Ese aspecto de esta parábola se repite en las dos parábolas anteriores, donde con diligencia el pastor buscó la oveja descarriada y la mujer buscó su moneda perdida. Cada una de esas imágenes representa a Cristo como el buscador fiel. Él es el arquitecto y el iniciador de nuestra salvación. Él busca y atrae hacia sí a los pecadores aun antes de que lleguen a pensar en buscarlo. Él siempre hace el primer intento de acercarse. Siempre paga el precio de la redención. Llama, justifica, santifica y finalmente glorifica a cada pecador que cree (Romanos 8.30). Todo aspecto de nuestra salvación es obra misericordiosa de Cristo.

> El padre estaba ansioso de verdad por iniciar el perdón y la reconciliación con su hijo.

Esta descripción del padre corriendo a encontrar al hijo pródigo calza aun más en los detalles de la visión general. Ilustra la verdad de que Dios es lento para enojarse y rápido para perdonar. No se complace en la muerte de los malvados sino que está ansioso, dispuesto y hasta *feliz* de salvar pecadores.

¿En qué estaba pensando el padre?

Sin embargo, aquí hay un segundo factor importante. Es claro que el padre quiso alcanzar al pródigo antes de que este llegara al pueblo, aparentemente para protegerlo del tormento del desprecio y los improperios que seguramente recibiría si atravesaba el lugar sin haberse reconciliado con su padre. En vez de eso, el padre mismo soportaría la vergüenza y recibiría el abuso.

No le quepa la menor duda: en el contexto de esa cultura, la acción del padre de correr hacia el hijo y abrazarlo incluso antes de que él llegara a casa se veía como una vergonzosa falta de decoro. En la fastidiada perspectiva de los escribas y los fariseos, este fue un aspecto más que añadía vergüenza al padre. Para empezar, los nobles en esa cultura no corrían. Correr era para los niños y los siervos. Los hombres maduros no corrían, especialmente los hombres de dignidad e importancia. Estos caminaban magistralmente, con garbo y pasos lentos. Pero Jesús dice que «su padre ... *corrió*» (v. 20, énfasis añadido). No envió a un criado o un mensajero para interceptar al hijo. Y no se trató simplemente de que aligerara el paso. *Corrió*. El texto usa una palabra que habla de salir corriendo a toda velocidad, como si estuviera en una competencia atlética. El padre levantó la basta de su túnica y salió a toda prisa de forma poco digna.

La imagen de que un hombre respetable y acaudalado como este corriera parece fuera de lugar en esa cultura del Medio Oriente, en que tradicionalmente los traductores arábigos de la Biblia han sido reacios a traducir la frase sin recurrir a un eufemismo como «se apresuró» o «se presentó en persona». Kenneth E. Bailey, un comentarista bíblico evangélico que vivió en el Medio Oriente e hizo cuidadosos estudios del lenguaje y la cultura del lugar, escribió:

> Es asombrosa la renuencia en la parte de las versiones arábicas de no dejar correr al padre.... Por mil años se empleó un amplio abanico de tales frases (casi como si hubiera una conspiración) para evitar la humillante verdad del texto: ¡El padre *corrió*! La explicación para todo esto es sencilla. La tradición identifica al padre con Dios, y correr en público es demasiado humillante como para atribuirlo a alguien que simboliza a Dios. No fue sino hasta 1860, con la aparición de la Bustani—Van Dyck Biblia Arábica, que el padre aparece corriendo. Las hojas de trabajo de los traductores están disponibles para mí, y aun la primera interpretación del griego en esa gran versión fue: «Él se apresuró», y solo en la segunda ronda del proceso de traducción aparece *rakada* (él corrió). El hebreo de Proverbios 19.2 se lee: «Aquel que se apresura con los pies, peca». El padre representa a Dios. ¿Cómo podría *correr*? Él puede.[1]

El padre se estaba humillando, aunque el hijo pródigo era el que debía estar haciéndolo.

En la actualidad la mayoría de nosotros veríamos este momento en que el padre corre para abrazar a su hijo como el instante más conmovedor y sensible en la parábola. Sin duda los fariseos no lo verían de ese modo. Ni el oyente típico en la audiencia de Jesús tomaría este momento con calma y admiraría la compasión del padre. Esto era una vergüenza. Era escandaloso. Para ellos era aun más ofensivo que los pecados del pródigo.

Pero de todos modos el padre estuvo dispuesto a hacer que los vecinos cuchichearan entre ellos: «¿Qué cree que está haciendo ese padre? Este muchacho se aprovechó y pecó horriblemente contra él. Se debería marginar al joven. En vez de eso, ¡este hombre que fue deshonrado por su propio hijo se deshonra ahora aun más al abrazar al condenado muchacho!» En realidad el padre se puso entre su hijo y todo el desprecio, las burlas y el abuso de las personas que en esa cultura se habrían amontonado naturalmente sobre la cabeza del muchacho.

Nuestra versión afirma que el padre «fue movido a misericordia» (v. 20), pero la expresión griega es aun más enfática. Usa una palabra que habla literalmente de un estremecimiento en los intestinos, o en la lengua popular moderna, de un sentimiento visceral. El padre fue poderosamente movido a misericordia, una emoción tan profunda y tan fuerte que le hizo revolver el estómago.

La misericordia del padre no era simplemente tristeza por el pecado pasado de su hijo. Tampoco era solo una simpatía momentánea provocada por la actual suciedad del muchacho. (Recuerde que el pródigo estaba ahora andrajoso y que olía a cerdo). Con seguridad el sentimiento del padre hacia el hijo incluía una profunda sensación de piedad por todas las cosas terribles que el pecado ya había hecho en él. Pero parece obvio que algo más aumentaba la angustia del padre en ese preciso momento. Su acción de correr hacia el hijo e interceptarlo en el camino insinúa que le pasaba por la mente algo terriblemente urgente e inmediato. De ahí que yo esté convencido que lo que impulsó al padre a correr fue una profunda sensación de empatía en anticipación del desprecio que con seguridad volcarían sobre el hijo mientras atravesaba el pueblo. El padre se echó a correr para ser la primera persona en alcanzarlo, y de este modo desviar un poco el maltrato que sabía que iba a sufrir su hijo.

> El padre se echó a correr para ser la primera persona en alcanzarlo, y de este modo desviar un poco el maltrato que sabía que iba a sufrir su hijo.

Esta es en realidad la imagen digna de Cristo, quien se humilló para buscar y salvar a los perdidos, y luego «sufrió la cruz, menospreciando el oprobio» (Hebreos 12.2). Igual que este padre, Jesús se echó voluntariamente encima todo el amargo menosprecio, el desdén, las burlas y la ira que merece todo nuestro pecado. Hasta echó nuestra culpa sobre sus hombros inocentes. Soportó todo por nuestro beneficio y en lugar de nosotros.

Si se supiera la verdad, el comportamiento de este padre, indecoroso como le pudo haber parecido a la audiencia de Jesús, no fue en realidad nada muy sorprendente comparado con la increíble gracia develada en la encarnación y la muerte de Cristo. En verdad, esa fue una de las principales lecciones con que Jesús estaba retando a los fariseos por medio de su historia.

Una demostración asombrosa de gracia

Cuando el padre llegó hasta donde el voluble hijo, no pudo contener su afecto, y no dudó en perdonarlo. Esto fue aun más horrible para los fariseos que la descripción de un hombre maduro corriendo por una calle polvorienta para dar la bienvenida a un hijo marginado.

Al instante el padre abrazó al pródigo. Jesús afirmó que el padre «se echó sobre su cuello, y le besó» (v. 20). El tiempo verbal significa que lo besó reiteradamente. Cayó sobre el muchacho en un tremendo abrazo, metió la cabeza en el cuello de su hijo, apestoso, sucio e impresentable como estaba, y el padre recibió al hijo con una demostración de desenfrenada emoción.

Es evidente que el padre había estado sufriendo una profunda pena silenciosa todo el tiempo que el hijo estuvo lejos. Su profundo amor por el joven nunca había flaqueado. El anhelo de verlo reflexionar y volver a casa debió haber sido una pena candente en el corazón del padre; esto llenaba su mente en todo instante. Y ahora que veía la desaliñada figura de su hijo solo en el horizonte, importó poco al padre lo que la gente pensara de *él*; estaba decidido a recibir en casa al muchacho de modo tan personal y público como fuera posible.

Además, el padre perdonaría al chico de cualquier otro reproche de su pecado... convirtiéndose él mismo en reproche. En esencia, echó por completo sobre sí la desgracia del joven, despojándose de todo orgullo, renunciando a sus derechos de padre, sin preocuparse para nada de su propio honor (incluso en esa cultura, donde el honor parecía ser todo). Y en una demostración asombrosa de amor desinteresado, despreciando abiertamente el oprobio (cf. Hebreos 12.2), abrió sus brazos al pecador que volvía y lo abrazó fuertemente en un estrujón diseñado en parte para protegerlo de cualquier otra humillación. Para cuando el muchacho entró al pueblo ya estaba reconciliado del todo con su padre.

El pródigo había venido a casa preparado para besar los pies del padre. En vez de eso, el padre le besó la cabeza que apestaba a chancho. Ese abrazo con besos repetidos fue un gesto que no solo significaba el delirante gozo del padre sino también su completa aceptación, amistad, amor, perdón, restauración y total reconciliación. Fue una forma deliberada y efusiva de señalar a toda la aldea que el padre había perdonado por completo a su hijo, sin ningún reparo ni titubeo.

¡Qué hermosa imagen es esta del perdón que brinda el evangelio! El típico pecador quiere salir del pantano del pecado, y su primer instinto es concebir un plan. Se rebajará la culpa. Se reformará. Pero ese plan no tendrá éxito. La deuda es demasiado grande para pagarla, y el pecador es impotente para cambiar su posición. Está caído, y no puede alterar esa realidad. Por tanto el Salvador lo intercepta. Cristo ya lo soportó, echando sobre sí la vergüenza sufrió los reproches, aguantó las crueles burlas, y pagó por completo el precio de la culpa. Él abraza al pecador, vuelca sobre él su amor, le concede perdón total, y lo reconcilia con Dios.

UN DISCURSO INTERRUMPIDO

Es importante observar que el padre ya había concedido perdón antes de que el hijo pronunciara una palabra. Después de que el padre lo abrazara, el pródigo empezó a hacer la confesión que había estado ensayando: «Padre, he pecado contra el cielo y contra ti, y ya no soy digno de ser llamado tu hijo» (Lucas 15.21), pero apenas logró decir eso, el padre rápidamente le cortó, dando órdenes a los siervos de empezar los preparativos para un banquete de celebración.

El pródigo ni siquiera llegó a la parte de su discurso ensayado en que pediría convertirse en uno de los jornaleros. Para cuando terminó su primera frase, el padre ya lo había rehabilitado como su amado hijo, y se estaba preparando la gran celebración.

Parece que el padre percibió lo profundo y real del arrepentimiento del joven, por el simple hecho de que había vuelto a casa. Conocía muy bien a su hijo para saber lo que significaba su regreso. Por la terrible condición del muchacho podía decir lo mucho que este había sufrido las crueles consecuencias de su pecado. Así que ni siquiera le permitió terminar de hacer su confesión antes de brindarle misericordia. Esta fue una acción de gracia que iba más allá, mucho más allá, de todo lo que el muchacho se había atrevido a esperar.

La confesión inconclusa del pródigo podría parecer un detalle sutil en la parábola, pero no fue un punto tan sutil para beneficio de los fariseos. No había manera de que no hubieran notado una realidad tan deslumbrante en la descripción que hiciera Jesús de la ansiedad del padre por perdonar. El muchacho no había hecho nada en absoluto para expiar su pecado, y sin embargo el perdón del padre fue de todos modos total y generoso, sin nada que ocultar.

> El muchacho no había hecho nada en absoluto para expiar su pecado, y sin embargo el perdón del padre fue de todos modos total y generoso, sin nada que ocultar.

En lo que respecta a los fariseos, este torrente de amor y perdón hacia un pecador flagrante y confeso era total y radicalmente poco ortodoxo. ¿No exige el sentido común que se expíen los pecados? ¿No dijo el mismo Dios que no justificará al impío (Éxodo 23.7), y que por nada del mundo permitirá que el culpable quede sin castigo (Éxodo 34.7)? ¿Cómo se podría quedar simplemente sin escarmiento un rebelde tan conocido como el hijo pródigo? ¿Qué le pasó a la justicia? ¿Y los principios de justicia divina? ¿No estaba lleno hasta rebosarse todo el sistema del Antiguo Testamento con sacerdotes, sacrificios y otros símbolos de expiación, precisamente para resaltar esta verdad fundamental?

LA NECESIDAD DE EXPIACIÓN

Es muy cierto que se debe *expiar* el pecado. No se imagine por un instante que cuando Dios perdona el pecado simplemente mira en otra dirección y finge que nunca ocurrió el pecado. La Ley de Moisés estaba llena de sacrificios con sangre precisamente para hacer ineludible esa verdad.

Este punto es crucial y a la larga básico para entender la parábola del hijo pródigo. Recuerde que el punto principal que Jesús resaltaba en esta parábola era para bien de los fariseos. Estaba enfocando la incorrecta idea que ellos tenían de Dios, de que él se complacía más en la santurronería de ellos que en el perdón de pecados. La teología farisea era tan escasa de cualquier sentido de gracia verdadera, que ellos sencillamente no podían considerar cómo los pecadores perdonados podrían pararse ante Dios a no ser por una vida de esfuerzo religioso. La mala interpretación de los fariseos de lo que se requería para tener total expiación del pecado yace en el origen de su equivocada teología.

No olvide que los fariseos habían recubierto la verdad del Antiguo Testamento con su propio sistema complicado de tradiciones humanas, reglas hechas por hombres, y ceremonias inútiles. Estaban convencidos que los pecadores debían hacer buenas obras como esas para ayudar a expiar sus pecados. Ellos hasta habían divinizado su propio sistema complicado de tradiciones delicadamente detallado como el medio *principal* por el cual creían posible adquirir la clase de mérito que ellos se imaginaban que equilibraría la culpa del pecado. Por eso estaban obsesionados con obras ostentosas, rituales religiosos, trucos espirituales, demostraciones ceremoniales de justicia, y otras iniciativas externas y superficiales. Y ellos se aferraban de forma obstinada a ese sistema, aunque la mayoría de sus rituales no eran más que sus propias invenciones, diseñadas para disimular el pecado y hacerlos *parecer* justos.

Aquí radicaba el problema con eso: ni siquiera las obras *auténticamente* buenas pueden lograr lo que los fariseos esperaban que sus tradiciones ceremoniales lograran. Eso lo clarificaba a la perfección la mismísima Ley. La Ley exigía no menos que la perfección absoluta (Santiago 2.10; Mateo 5.19, 48). Y estaba llena de principio a fin con amenazas y maldiciones contra todo aquel que la violaba en algún punto. Necesitamos expiación porque somos pecadores caídos que *no podemos* guardar adecuadamente la Ley. ¿Por qué pensaría alguien en obtener alguna vez suficiente mérito para expiar el pecado a través de una obediencia imperfecta a la Ley? Ese era el defecto fatal en el sistema de los fariseos.

Es más, la Ley misma clarificaba perfectamente que el precio de la expiación total era más costoso de lo que cualquier humano podría pagar alguna vez: «El alma que pecare, esa morirá» (Ezequiel 18.4).

No podemos expiar nuestro propio pecado

Y lo que es más, el Antiguo Testamento no sugiere ni una vez que los pecadores podrían expiar sus pecados (ni total ni parcialmente) haciendo buenas obras o realizando complicados rituales. En realidad, la imagen dominante de expiación en el Antiguo Testamento es la de un sustituto inocente cuya sangre era derramada en favor del pecador.

> Entonces por definición ningún pecador puede alguna vez expiar por completo su propio pecado, y por eso la Biblia resalta con tanta frecuencia la necesidad de un sustituto.

El derramamiento de la sangre del sustituto era quizás el aspecto más importante de expiación por el pecado: «Sin derramamiento de sangre no se hace remisión» (Hebreos 9.22). En el Día de la Expiación, la sangre de la ofrenda del pecado se rociaba deliberadamente sobre todo en las inmediaciones del altar. El sacerdote rociaba «con la sangre el tabernáculo y todos los vasos del ministerio. Y casi todo es purificado, según la ley, con sangre» (vv. 21-22), incluidos los fieles. Esto no sugiere que la sangre tuviera en sí misma alguna propiedad mágica, mística o metafísica que lavara literalmente la corrupción del pecado. Pero el propósito de este ritual de sangre era sencillo: en todas partes la sangre formaba una ilustración vívida, e intencionalmente horrible, de la aterradora realidad de que la paga del pecado es muerte. «Porque la vida de la carne en la sangre está,

y yo os la he dado para hacer expiación sobre el altar por vuestras almas»
(Levítico 17.11).

Entonces por definición ningún pecador puede alguna vez expiar por
completo su propio pecado, y por eso la Biblia resalta con tanta frecuencia la necesidad de un sustituto.

Necesitamos un sustituto

Cuando se ordenó a Abraham que sacrificara en un altar a su hijo
Isaac, por ejemplo, Dios mismo suplió un sustituto en forma de un carne-
ro para ser sacrificado en lugar de Isaac. El sustituto en la Pascua era un
cordero sin mancha. El elemento principal del sistema expiatorio bajo
la Ley de Moisés era la ofrenda encendida, que podía ser un becerro, un
cordero, un macho cabrío, una tórtola o un palomino (dependiendo de
las capacidades económicas de los fieles). Y una vez al año, en el Día
de la Expiación, el sumo sacerdote sacrificaba un becerro y un macho
cabrío, junto con una ofrenda encendida adicional, como símbolo de
expiación, un *sustituto* que sufría por los pecados de todo el pueblo.

Ahora debería ser obvio para todos que «la sangre de los toros y de los
machos cabríos no puede quitar los pecados» (Hebreos 10.4; cf. Miqueas
6.6-8). Por eso los sacrificios rituales se debían repetir a diario. Todos
los que alguna vez creyeron seriamente en el sistema expiatorio y com-
pararon el verdadero costo del pecado, a la larga debieron enfrentar esta
verdad: los sacrificios de animales sencillamente no pueden proporcionar una expiación total y definitiva del pecado. Era necesario hacer algo
más para tener expiación completa.

Básicamente había dos respuestas posibles al dilema. Un enfoque era
adoptar un sistema de merecimientos como la religión de los fariseos, en
la que el pecador mismo intentaba adornar o completar la importancia
expiatoria de los sacrificios de animales con varias capas más de buenas

obras. Esta parece ser en el caso de los fariseos la mismísima razón de que crearan su larga lista de exigentes normas y reglamentaciones que sobrepasaban por mucho lo que en realidad exigía la Ley. Ellos sabían muy bien que no era posible la simple obediencia perfecta a la Ley, y por tanto no se podía tener méritos suficientes para expiar el pecado. Por eso complementaron artificialmente lo que la Ley requería, creyendo que sus obras extras les permitirían ganar mérito adicional. El resultado inevitable fue un sistema que estimulaba las más descaradas formas de falsedad mientras disminuía el papel adecuado de la verdadera fe.

El otro enfoque fue el seguido por todo individuo verdaderamente fiel desde el principio de los tiempos hasta la venida de Cristo. Ellos reconocían su propia incapacidad de expiar, se aferraban a las promesas de Dios de perdón, y confiaban en que él iba a enviar un Redentor que proveería una expiación completa y definitiva (Isaías 59.20). Desde el día en que Adán y Eva comieron del fruto prohibido, y fue maldita su especie, los creyentes fieles buscaron al vástago prometido de la mujer que finalmente aplastaría la cabeza de la serpiente y por tanto quitaría para siempre el pecado y la culpa (Génesis 3.15). A pesar de algunas insinuaciones muy fuertes (entre ellas Daniel 9.24 e Isaías 53.10), la forma verdadera por la cual se lograría finalmente la redención permaneció envuelta en misterio, hasta que el mismo Jesús la explicó después de su resurrección a unos discípulos en el camino a Emaús (Lucas 24.27).

Observe que Jesús no mencionó nada en la parábola del hijo pródigo acerca de la verdadera *forma* de expiación. Después de todo, eso no era lo importante de la historia. Pero sin embargo nuestro Señor sí confrontó directamente el centro del error de los fariseos, el cual era su insistencia en que todos los pecadores debían realizar ciertas obras para expiar sus pecados, y por ende ganarse el perdón y el favor de Dios.

EL ÚNICO MODO DE SER JUSTIFICADOS ANTE DIOS

La parábola del hijo pródigo desacredita esa falsa idea. En vez de eso ilustra la simple verdad de cómo y por qué el arrepentimiento por fe es la única forma por la cual todo pecador puede hallar justificación ante Dios. El perdón no es un premio por méritos que ganamos con buenas obras. No obstante, no crea que la justicia práctica se elimina por completo, porque las buenas obras son el fruto indefectible de la fe. Pero los pecadores que se arrepienten y se vuelven a Dios están total e instantáneamente justificados, y perdonados libremente desde el primer momento del inicio de la fe, antes de que se haga una sola obra buena.

> El arrepentimiento por fe es la única forma por la cual todo pecador puede hallar justificación ante Dios.

Esa fue la lección principal del ejemplo de Abraham, quien «*creyó a Jehová, y le fue contado por justicia*» (Génesis 15.6; énfasis añadido). Su fe fue el único medio por el cual se aferró a las promesas de Dios. Pablo hace en Romanos 4 un razonamiento en que demuestra que David fue igualmente justificado solo por la fe, y no por la realización de ninguna buena obra, rituales religiosos, ni obras meritorias diseñadas para anular la deuda del pecado.

De igual modo, el hijo pródigo es un buen ejemplo de alguien que es justificado por gracia mediante la fe sin obras meritorias. Su perdón fue una realidad totalmente decidida, y su posición como hijo privilegiado fue establecida sin ninguna duda aun antes de que tuviera una oportunidad de terminar de expresar su arrepentimiento.

¿Y la vida de trabajo como jornalero que el pródigo estaba preparado para ofrecer a su padre? Fue totalmente innecesaria como forma de ganarse el favor del padre. El padre ya había concedido su bendición total y su perdón incondicional solo por gracia.

Pero este joven arrepentido sería sin embargo cambiado de forma permanente debido a la gracia que le mostró su padre. ¿Por qué habría de volver a una vida de indulgencia y derroche personal? Ya había seguido al pecado hasta su fin inevitable, y conocía muy bien todas las consecuencias. Fue gravemente escarmentado por el amargor de esa experiencia. Se había tomado los horribles cunchos de las consecuencias del pecado.

Pero ahora se le habían caído las vendas de los ojos. El pródigo veía a su padre con una nueva luz, y lo amaba con un aprecio renovado. Tenía todas las razones para permanecer fiel de ahora en adelante. Ahora serviría a su padre con alegría, no como un jornalero sino con la posición plena de un hijo amado.

❧ 8 ❧

La generosidad del padre

El padre dijo a sus siervos: Sacad el mejor vestido, y vestidle; y poned un anillo en su mano,
y calzado en sus pies. Y traed el becerro gordo y matadlo, y comamos y hagamos fiesta;
porque este mi hijo muerto era, y ha revivido; se había perdido, y es hallado.

—Lucas 15.22–24

IMAGINE CÓMO SERÍA EL PANORAMA ALREDEDOR DEL REGRESO DEL pródigo desde la perspectiva de uno de los siervos de la casa. De repente el padre salió a toda prisa de su puesto de observación. Pasó a toda velocidad a sus siervos, atravesó corriendo la puerta principal, y bajó aprisa por el polvoriento camino sosteniendo su túnica por encima de las rodillas. Cruzó el pueblo a toda velocidad y sin importarle quién lo podría estar mirando. Detrás de él venían varios siervos que se apuraban por seguirle el paso a su amo, pero sin tener idea de a dónde iba o por qué corría como loco.

Tal vez la escena pareciera cómica a alguien, pero no lo sería para los siervos del padre. Su conducta sería vergonzosa para ellos. No era típica de él, era alarmante y espantosa. Lo único que podían hacer era acompañarlo, porque este era su deber como siervos de la casa del padre.

Los siervos debieron haber observado llenos de asombro cuando su amo llegó hasta el hijo, lo abrazó (apestando, con harapos manchados de algarrobas y todo lo demás), y empezó a besarlo como si el muchacho fuera un héroe que regresaba. Luego, casi antes de que los siervos pudieran recobrar la calma, el padre levantó la mirada, se volvió a ellos (quienes es probable que estuvieran resoplando por la carrera), y los envió en una serie de mandados urgentes. El mejor texto griego dice que precedió sus órdenes con el adverbio *tachu*: «¡Rápido!» No quería tardanzas. Este era un asunto de máxima urgencia para él, y necesitaba que se hiciera todo lo más pronto posible.

A medida que el padre daba sus órdenes se hacía claro que iba a dar un banquete para este hijo que lo había deshonrado tanto. Estaba planeando tratarlo como se podría tratar a un honrado dignatario: con regalos, un festejo total, y el otorgamiento ceremonial de altos privilegios.

Recuerde ahora que la palabra *pródigo* significa despilfarrador. Un pródigo es un gran malgastador que esparce sus recursos por ahí, principalmente con el propósito de ir de juerga. El término conlleva la idea de alguien gastador en exceso, imprudente en gastar su dinero, inmoderado en la forma en que se deshace de sus activos, y que da propinas a manos llenas.

De repente el padre, no el caprichoso hijo es el pródigo: «El padre dijo a sus siervos: Sacad el mejor vestido, y vestidle; y poned un anillo en su mano, y calzado en sus pies. Y traed el becerro gordo y matadlo, y comamos y hagamos fiesta; porque este mi hijo muerto era, y ha revivido; se había perdido, y es hallado. Y comenzaron a regocijarse» (Lucas 15.22–24).

Aquí la audiencia de Jesús volvió a poner los ojos en blanco mientras le narraba la historia. No solamente los fariseos sino que todo aquel al tanto de esa cultura estarían muy desconcertados por las acciones del padre. Este tipo no tenía vergüenza. Simplemente había sacrificado su última hebra de dignidad al correr como un escolar para perdonar libre y totalmente a un hijo que no merecía más que todo el peso de la ira de su padre.

Como si esas acciones no fueran suficientemente vergonzosas, ahora el padre estaba a punto de usar lo mejor de todo lo que tenía (y con ello gastar mucho dinero) para honrar al abominable joven, quien ya había derrochado una considerable porción de la riqueza familiar en la provincia lejana. Aunque el facineroso muchacho se hubiera arrepentido de verdad, otorgarle costosos regalos y hacerle una fiesta de tanto lujo parecía precisamente lo más equivocado en este momento.

Pero el padre, sin inmutarse por temor a la opinión pública, no perdió tiempo para hacer que empezara la fiesta. Aun antes de mandar a llamar al hermano mayor de los campos, el padre había pedido un vestido y un anillo. Ya estaban matando al becerro gordo para un gran festín.

> Totalmente ajeno a su propia reputación, el padre estaba colmando al hijo pródigo de honra tras honra.

El asombrado hijo pródigo debió haber sentido que la cabeza le daba vueltas. Después de todo lo que había hecho, y todo lo que el pecado había hecho contra él, difícilmente podía comprender lo que estaba ocurriendo. De igual modo los vecinos estarían totalmente perplejos por la conducta del padre. ¿Qué estaba haciendo? Totalmente ajeno a su propia reputación, el padre estaba colmando al hijo pródigo de honra tras honra. Todos estos eran favores sorprendentemente generosos, que el muchacho de ningún modo merecía.

RESTABLECIMIENTO DE LA POSICIÓN DE SU HIJO

Jesús menciona tres regalos que el padre de inmediato obsequió a su arrepentido hijo: un vestido, un anillo, y sandalias. Todos los que escuchaban la historia de Jesús entendían las implicaciones de esos regalos.

Sandalias: el regalo de la condición de hijo

Las sandalias podrían parecer el más humilde de los regalos, pero eran sumamente importantes. Constituían una declaración simbólica inequívoca de que el padre aceptaba a su hijo. Habitualmente los jornaleros y los esclavos de la casa andaban descalzos. Solamente los amos y sus hijos usaban calzado. Por eso los zapatos eran un gesto importante que significaba la reincorporación total e inmediata del ex rebelde como hijo privilegiado. Esto no era algo insignificante para cualquiera familiarizado con la cultura.

En cierto nivel, incluso en esa cultura, el gran sentido de alegría y alivio del padre era totalmente comprensible. Pero no la extravagancia con la que perdonó. Si no estaba dispuesto a hacer que el caprichoso joven rebajara parte de su deuda enviándolo a la servidumbre, entonces eso solo habría sido una acción extraordinaria y exagerada de amabilidad.

Pero seguramente antes que el padre le diera cualquier honra pública como un costoso banquete, debía tomar un enfoque más provisional. ¿No debió retener el padre *algunos* privilegios, al menos hasta que el joven demostrara cuán digno de confianza era? ¿No debió establecer algunas reglas específicas para el muchacho? ¿No era justo esperar para ver los frutos de su arrepentimiento? Un año o dos no habrían sido mucho tiempo

> La aceptación del padre hacia su hijo es inmediata y total.

para pedir a un chico que probara su fidelidad antes de darle plenos derechos de un hijo adulto leal.

Una sensata medida de limitación desde el principio solo parecería prudente. Pero no hay insinuación de algo como eso. La aceptación del padre hacia su hijo es inmediata y total.

Vestido: el regalo de honra

El vestido era un honor aun más alto. Todo noble tenía un vestido selecto: una prenda exterior costosa, ornamentada, bordada, exclusiva, que llegaba hasta el piso, y del tejido de la más alta calidad y destreza. Era una prenda tan especial que ni siquiera pensaría en usarla como invitado a la boda de alguien. En vez de eso estaría reservada para las bodas de sus propios hijos o para ocasiones similares. El análogo más cerca en el siglo veintiuno podría ser un esmoquin costoso que permanece en el clóset de alguien, excepto quizás una vez al año (o menos). Aun en esa cultura, si usted era invitado a una ocasión muy formal y no tenía una prenda adecuada tendría que comprar o alquilar una.

Pero toda cabeza de una familia acaudalada del primer siglo tenía un vestido especial como ese. Se trataba de su más hermosa y finamente elaborada pieza formal de vestir. La expresión griega en Lucas 15.22 significa literalmente «prenda de vestir de primera clase».

¿Quiso el padre poner *eso* en este cuidador reformado de cerdos antes de que el joven tuviera una oportunidad de asearse? Todos en la aldea se habrían horrorizado ante ese pensamiento. Darle el vestido significaba una honra superior a la que normalmente ni siquiera se pensaría en conferirle a un hijo. Esta era la clase de cortesía generalmente reservada para un dignatario muy prestigioso que llegaba de visita. El padre estaba honrando en público a su hijo arrepentido, no solo como invitado de honor en el banquete sino también como una persona de máxima distinción.

Anillo: el regalo de autoridad

Eso no es todo. El padre también pidió un anillo para poner en la mano del hijo. Este era un anillo de marca que tenía el emblema o sello familiar, de modo que cuando se presionaba el anillo en cera derretida sobre un documento formal, el sello resultante servía como autenticación legal. Por tanto, el anillo era un símbolo de autoridad. Cuánta autoridad y de qué clase es precisamente un asunto que examinaremos con más detalles dentro de poco.

Pero por ahora considere la trascendencia de todo esto: las sandalias, el vestido y el anillo pertenecían al padre y eran símbolos de su honor y autoridad. El padre también estaba pidiendo el más fabuloso festejo que había ocurrido alguna vez en esa familia, y quizás el más fantástico banquete que había presenciado ese pueblo. Al darle los tres regalos a su hijo en realidad le estaba diciendo: «Lo mejor de todo lo que tengo es tuyo. Ahora te he restaurado por completo tu condición de hijo, e incluso te he elevado en nuestra casa a una posición de honor. Ya no eres un adolescente rebelde. Ahora eres un hijo adulto totalmente desarrollado, con todo el privilegio que viene con esa posición, y deseo que lo disfrutes a plenitud». Así como un rey le pasa su túnica y su anillo de sello a un príncipe, el padre hizo esto de modo ceremonial y público, para eliminar cualquier duda en la mente de alguien acerca de si de veras quería significar todo esto o no. Este sin embargo era otro acto de generosidad personal del padre.

Hasta en nuestra cultura es difícil concebir que algún padre llevara tan lejos ese perdón. Pero aun así es otra prueba de que *este* padre parece no preocuparse lo más mínimo por su honor ante la mirada de los críticos.

También es un poderoso recordatorio de que el padre aquí es un símbolo de Cristo, «el cual, siendo en forma de Dios, no estimó el ser igual a Dios como cosa a que aferrarse, sino que se despojó a sí mismo, tomando forma de siervo, hecho semejante a los hombres; y estando en la condición de hombre, se humilló a sí mismo, haciéndose obediente hasta la muerte, y muerte de cruz» (Filipenses 2.6–8).

Observe que Cristo se despojó a sí mismo sin dejar de ser Dios, y sin despojarse de su naturaleza o sus atributos divinos, sino echando sobre sí una naturaleza humana auténtica y por tanto cubriendo su gloria con el velo de su humanidad. De ahí que se bajara de su esplendor y majestad y se convirtiera en hombre. Se puso a sí mismo en nuestro nivel. Luego se humilló aun más al padecer la clase de muerte más ignominiosa por castigo capital, como si personificara todas las peores características de la más baja escoria de la sociedad humana. Eso es lo que significa la frase «y muerte de cruz». Ese es un acto de humillación mucho más grande que cualquier vejación que sufriera el padre en esta parábola. De modo que si parece exagerada la conducta del padre en la parábola, no pase por alto el hecho de que la desgracia que soportó el padre posiblemente no podría ser tan exagerada para empezar siquiera a estar en el mismo nivel que la humillación de Cristo.

> La parábola nos recuerda que Cristo recibe pecadores que están exactamente en la misma situación del hijo pródigo.... con la misma clase de alegría vista en esta parábola... e infinitamente más.

Además, la parábola nos recuerda que Cristo recibe pecadores que están exactamente en la misma situación del hijo pródigo: inmundos, vestidos con sucios harapos, totalmente privados de cualquier atractivo, sin nada en absoluto para entregarle a Cristo. Él los recibe con la misma clase de alegría vista en esta parábola… e infinitamente más. En las palabras de Romanos 4.5, Cristo «justifica al impío». Si ese pensamiento no lo hace llorar de gratitud a usted, entonces quizás nunca se haya sentido en el lugar del hijo pródigo, y debe arrepentirse en oración.

Por supuesto, ese fue el mismo asunto que puso a los escribas y los fariseos en desacuerdo con Cristo. Ellos se negaron a ver el ministerio de Jesús de buscar y salvar pecadores como la actividad de Dios. La idea de que Jesús recibiera pecadores inmundos les era del todo repugnante. Estaba muy debajo del concepto que tenían de cómo debería ser el Mesías. Además, el hecho de que él justificara pecadores solo por medio de la fe, y al instante los tratara como si tuvieran una posición perfecta con Dios (cf. Lucas 18.14), era sencillamente más de lo que los fariseos podían soportar. Después de todo, la mayoría de ellos habían trabajado todas sus vidas en su religión, y Cristo los trataba con menos deferencia de la que mostraba a publicanos y a otros delincuentes que acudían a él. En sus mentes, Jesús estaba profanado por esas asociaciones con pecadores. En consecuencia, los fariseos se habían convencido que eran mucho más justos, y por ende aun más gloriosos, que Jesús.

¡Qué mal entendían los fariseos cómo era la verdadera gloria! Aunque Cristo se despojó de su gloria celestial, ahora recibe una honra aun superior. En realidad, su sufrimiento y su muerte (que pronto se convertirían en el más grande escollo de todos para las personas que pensaban como los fariseos) exponen algunas de las mayores características de la gloria eterna de Dios: su amorosa gracia y amoroso perdón.

Filipenses 2 continúa con esta declaración: «Por lo cual Dios también le exaltó hasta lo sumo, y le dio un nombre que es sobre todo nombre, para que en el nombre de Jesús se doble toda rodilla de los que están en los cielos, y en la tierra, y debajo de la tierra; y toda lengua confiese que Jesucristo es el Señor, para gloria de Dios Padre» (vv. 9–11).

RESTAURACIÓN DEL PRIVILEGIO DE SU HIJO

La presentación ceremonial de los tres regalos no fue un simple gesto sentimental. El padre estaba haciendo una declaración pública que conllevaba profundo y trascendental peso legal. Así como las sandalias significaban que el pródigo debía ser tratado como hijo y no como jornalero, y el vestido demostraba que no era simplemente un hijo sino alguien muy favorecido, el anillo de sello tenía un significado que todos entendían en esa cultura. Dotaba formalmente al hijo pródigo de un derecho legal conocido como *usufructo*.

Quienes conocen la terminología legal, especialmente leyes de albaceas, reconocerán al instante ese término. El principio legal del usufructo tiene una larga historia que se remonta al menos a inicios de la ley romana, y es un derecho aún reconocido hoy día en casi todos los sistemas de ley civil. El *usufructo* es una expresión latina que significa literalmente «uso de los frutos», y describe el derecho legal de usar libremente la propiedad y los activos de otra persona y recoger sus frutos como si fueran posesiones personales propias.

En otras palabras, el usufructo confiere todos los derechos de propiedad sin transferir en realidad el título de propiedad en sí. El usufructuario (el no propietario que recibe este derecho) no está autorizado a vender, dañar o reducir el valor de la propiedad en cuestión. Pero aparte de eso, es libre de usarla como desee. Si es un campo, puede cultivarlo y cosechar los beneficios de la operación sin ninguna obligación de pagar alquiler. Si se trata de bienes raíces, puede usar la propiedad como si fuera propia, o incluso arrendarla a alguien más y cobrar lo recaudado para sí mismo. Este era un privilegio ennoblecido y poderoso, similar al poder de un abogado, pero específicamente con relación al uso de la propiedad.

No olvide que los activos de esta familia ya se habían dividido formalmente entre los dos hijos (Lucas 15.12). El padre había liquidado lo que pudo para dar al hijo menor una gran herencia en efectivo, quien la despilfarró íntegra al instante. Todo lo que quedaba era la herencia legítima del hijo mayor. Como observamos de forma breve en el capítulo tres, ese hijo no podía ejercer legalmente de forma total e ilimitada la posesión de la propiedad familiar hasta la muerte del padre. En otras palabras, mientras el padre viviera, los derechos de propiedad del hijo mayor solo eran usufructuarios.

Pero en el caso del hermano mayor, esa era una simple formalidad temporal. Con el tiempo *heredaría* todo el derecho en todo lo que quedaba en la propiedad. Ese hecho no se podía cambiar ahora. Cuando la herencia se dividió a instancias del hijo pródigo se debieron haber redactado y ejercido arreglos legales para garantizarla. A la muerte del padre, el hermano mayor recibiría automáticamente toda la posesión. Todos los asuntos a largo plazo respecto de la propiedad de los bienes familiares ya se habían resuelto, estaban ratificados legalmente, y eran absolutamente irrevocables. No había lagunas jurídicas por las cuales se pudiera volver a asignar la herencia. Todo en la propiedad pertenecía por promesa al hermano mayor.

Pero por ahora, mientras viviera, el padre era aún el patriarca de la familia y la cabeza de la casa. Técnicamente conservaba el derecho de toda la propiedad, y por tanto tenía toda la prerrogativa de hacer uso de la hacienda y de todos sus activos de cualquier modo que quisiera. En realidad, lo que hizo aquí fue reivindicar todo lo que había prometido al hijo mayor, y le dijo al hijo menor: «Úsalo como quieras».

Las personas que oían la parábola estarían perplejas de tal expresión de gracia. *¿Cuán justo es eso? ¿Cómo puede el padre premiar al pródigo con tanta generosidad… en una forma que casi parece ofensiva a la imagen de buen tipo del hijo mayor, a pesar de cómo se ha comportado el hijo menor?*

¿Cómo puede este hombre permitir que el hijo pródigo disfrute los mismos bienes, beneficios y privilegios que el hijo que se quedó en casa?

Si el pródigo no hubiera vuelto, con el tiempo el hijo mayor habría usado ese vestido, o quizás el padre lo habría usado en la boda del hijo. Esa era la clase de ocasión en que se sacaría una túnica como esa: la boda del hijo primogénito. Esa boda era el acontecimiento más grandioso que normalmente sucedería en cualquier familia. Pero ahora la túnica estaba profanada con el olor a cerdo del hermano menor.

El hermano mayor obtendría el anillo de sello del padre y el privilegio legal correspondiente de actuar a favor del padre. En primer lugar el hijo mayor fue quien se quedó en la propiedad familiar, y debería ser el único usufructuario de los derechos sobre las posesiones. Después de todo, esa propiedad ya era su promesa legal ratificada.

Nada de esto tenía sentido, particularmente en una cultura donde se valoraba en gran manera el honor.

Pero el padre actuó rápidamente, sin vacilar, y la firme y confiada manera en que respondió da mucho más énfasis a su afirmación. Considere una vez más a esa luz qué profundo mensaje enviaría esto a los vecinos que presenciaban la escena: Puso zapatos en los pies del pródigo tan rápido como pudo, haciendo una declaración ceremonial que eliminó al instante cualquier duda acerca de si la condición de hijo aún estaba intacta. Pidió que el vestido fuera *sacado* del lugar en que estaba (v. 22), poniéndoselo en el muchacho antes de que este

> El padre no solo estaba concediendo al joven perdón integral y completa reconciliación, sino también privilegios totales del hijo de un noble que había llegado a la mayoría de edad y demostrado ser digno de confianza.

pudiéra incluso llegar a casa y limpiarse la suciedad de su vida de pecado y del largo viaje a casa. El padre quiso cubrir los harapos del hijo
tan pronto como pudo, antes que el pródigo atravesara el pueblo bajo
la desaprobadora mirada de tantas personas. Incluso cubrió al pródigo
con su mejor prenda, permitiendo que esa gloria prestada sirviera como
un escudo contra la vergüenza que merecía el joven. Y de inmediato le
dio el anillo, otorgándole un inmenso privilegio que claramente no era
digno de disfrutar.

Aun más extraño que eso fue que el padre tratara al pródigo que regresaba como se honraba a un príncipe. Ordenó a sus siervos que atendieran
a su hijo como si este fuera de la realeza: «Sacad el mejor vestido, y vestidle; y poned un anillo en su mano, y calzado en sus pies». El mensaje
era claro: El padre no solo estaba concediendo al joven perdón integral
y completa reconciliación, sino también privilegios totales del hijo de
un noble que había llegado a la mayoría de edad y demostrado ser digno
de confianza.

Una ilustración de la insólita gracia de Dios

A medida que Jesús describía esa escena, la gente debió estar estupefacta
y sin poder creer lo que ocurría. Todo lo que el padre estaba haciendo por
el hijo era precisamente lo opuesto de lo que todos pensaban que debería
hacer. Era contrario a las costumbres de esa sociedad. Iba contra todo lo
que conocían acerca de la justicia. No tenía en cuenta el sentido común.
Considérelo: este joven obtenía al instante todos los mismos derechos y
privilegios de su hermano mayor, quien ni una vez se había rebelado
abiertamente como lo hizo el pródigo. Era como si nunca hubiera ocurrido el viaje a la provincia apartada. El padre había asimilado humillante
golpe tras golpe de este deshonroso hijo, y sin embargo estaba dispuesto a
dejar el pasado a un lado y dotar libremente al pródigo con todo privilegio

imaginable. No hubo período de espera, tiempo de prueba, obstáculos que el joven debiera superar, ni fase de reajuste. Todos los privilegios eran libres e ilimitados. De repente el muchacho estaba entrando a la condición de hijo verdadero en su más elevado nivel.

¿Cuál era el mensaje? Debemos recordarnos una vez más que esta es una ilustración de la generosa gracia de Dios, la cual triunfa sobre toda clase imaginable de pecado. El Señor salva pecadores, incluyendo los *peores*. Y al hacerlo, instantáneamente eleva al pecador recién nacido a una posición de privilegio y bendición que es mucho más abundante que cualquier cosa que podamos pedir o entender (cf. Efesios 3.20).

> Los escribas y los fariseos estaban tan gravemente equivocados en cuanto a que la misma religión con que contaban para ellos mismos ganarse la vida eterna, en realidad les auguraba su destrucción.

Repito, aunque la gracia y el privilegio extendidos a este hijo podrían parecer una exageración, el asunto no es un absurdo. En realidad ni siquiera son tan extremos como para que sirvan como una adecuada ilustración de la gracia que Dios concede de modo sincero y franco a pecadores arrepentidos. Simplemente es una figurada descripción por adelantado, atenuada y apenas adecuada, de cómo es la auténtica gracia, ya que las solas palabras y las descripciones humanas son totalmente insuficientes para ilustrar la realidad de la misericordia de Dios.

Pero toda esta idea (que el amor generoso y la gracia extrema se pueden otorgar a un pecador arrepentido y confiado) era absolutamente extraña en las mentes legalistas de los escribas y los fariseos. Ellos entendían el concepto de gran privilegio. Estaban convencidos de que privilegios legítimos como estos solo se podían ganar por medio de un sistema de obras rigurosas y de estricta consideración de méritos personales. De eso se trataba toda su religión.

Pero los escribas y los fariseos estaban tan gravemente equivocados en cuanto a que la misma religión con que contaban para ellos mismos ganarse la vida eterna, en realidad les auguraba su destrucción. Por eso Jesús los invitaba a confesar su propia necesidad de gracia divina y a arrepentirse de su santurronería.

UNA FIESTA EXTRAORDINARIA

Habiendo coronado solemnemente a su hijo arrepentido con el más elevado honor y privilegio, el padre del pródigo aún no había terminado. A continuación pidió la fiesta que acabaría todas las fiestas: «Traed el becerro gordo y matadlo, y comamos y hagamos fiesta; porque este mi hijo muerto era, y ha revivido; se había perdido, y es hallado. Y comenzaron a regocijarse» (Lucas 15.23–24).

El hecho de que un hombre que vivía con su hijo mayor tuviera a disposición un «becerro gordo» es una de las señales principales que da Jesús de que esta gente simplemente era rica; eran sumamente acaudalados. Tenían un becerro especial, bien alimentado y descansado a propósito para que produjera la carne más tierna, sabrosa y de primera clase. La expresión griega traducida «gordo» significa literalmente alimentado con granos. De ahí que ese becerro proporcionaría la más selecta carne de ternero alimentado con maíz. Ese es un lujo muy costoso aun hoy día. Pero en la cultura del primer siglo, donde cualquier clase de carne se consumía solo en ocasiones especiales, la gama de carne alimentada de ganado totalmente desarrollado era un artículo caro, y solo el hacendado más rico podía siquiera pensar en alimentar con precioso grano a un animal.

Tal becerro estaría engordado solo para una ocasión extraordinaria, como la boda de un hijo primogénito o un banquete único en la vida ofrecido para celebrar la llegada de un dignatario importante. De antemano el animal sería esmeradamente seleccionado para la ocasión, alimentado con generosidad, cuidado con diligencia, y mantenido encerrado y lejos de la vacada. Era importantísimo calcular el proceso de crianza cerca del evento planeado, porque es obvio que los terneros no permanecen mucho tiempo como becerros. Típicamente se sacrifica a los terneros alimentados con maíz cuando tienen aproximadamente cinco meses. Tener un becerro demasiado gordo a la mano sería sumamente extraño (y es muy raro oír al respecto).

Por tanto, parece que este padre decidió que el regreso de este hijo caprichoso era un motivo más fabuloso para celebrar que cualquier suceso que ya estuviera planeando. Él fácilmente podría sustituir una comida menor y reducir el menú que estaba preparando para otro evento. Pero *este* acontecimiento, el repentino regreso de este hijo perdido por mucho tiempo, exigía la más grandiosa de todas las celebraciones: una mega fiesta. Para eso debía matar el becerro gordo.

A propósito, el ternero promedio de cinco meses alimentado con maíz pesa como doscientos cincuenta kilos. Sería suficiente para alimentar centenares de personas. (Los mejores cortes por sí solos podían proveer más que suficiente para doscientas personas, y ya que todo lo utilizable iría dentro de un plato u otro, un becerro como este proporcionaría enormes cantidades de comida.) Los preparativos llevarían el

> Este padre decidió que el regreso de este hijo caprichoso era un motivo más fabuloso para celebrar que cualquier suceso que ya estuviera planeando.

resto del día, y la fiesta continuaría hasta bien entrada la noche. No sería extraño que una fiesta como esta durara tres días o más. Se invitaría a todos en el pueblo.

Sin duda este fue el acaecimiento más fabuloso y la más espléndida conmemoración que había ocurrido alguna vez en esa familia. Quizás la más ceremoniosa que presenciara la aldea alguna vez. Desde la perspectiva del padre, era adecuada. Ningún suceso podía producirle más gozo que el regreso de su hijo perdido. Y aquí tenemos otra vez una vívida ilustración del gozo en el cielo siempre que se arrepiente un pecador.

La gran alegría del padre es evidente en sus palabras: «Este mi hijo muerto era, y ha revivido; se había perdido, y es hallado» (Lucas 15.24). Sea que hubiera realizado o no el acostumbrado servicio funeral por este hijo cuando se fue a la provincia apartada, es claro que este padre lo consideraba muerto. Tenía una esperanza muy débil pero ninguna esperanza verdadera de volver a ver al muchacho. Había estado viviendo con ese dolor, en un estado constante de pena, llorando la pérdida de un hijo precioso, desde el día en que se fue el pródigo. Anhelaba el regreso del joven, imaginándose cómo sería verlo restaurado, y oraba por la oportunidad de concederle su perdón.

El padre apenas se atrevía a esperar un día como este, pero ahora finalmente había llegado. El hijo que estaba muerto ahora está «vivito y coleando». (Ese es el significado literal de la expresión en el versículo 24.) El joven se había perdido y al fin lo habían hallado. El padre experimentaba la gran alegría que había soñado por mucho tiempo: ver que su hijo había vuelto a vivir. El hijo ahora tenía nueva posición y nueva actitud. Padre e hijo estaban al fin reconciliados. Por primera vez, el pródigo tenía una relación verdadera y vital con un padre amoroso y perdonador que le daba todos los derechos sobre cuanto poseía, además de bendición sobre bendición.

Difícilmente podemos culpar al hijo pródigo por sentir que tenía más motivos que nadie para celebrar. Había confiado su vida al padre, quien lo había asombrado y abrumado por completo al confiarle sus recursos. Finalmente el hijo estaba en casa, en la casa del padre, como un verdadero miembro de la familia. Tenía todos los motivos para permanecer fiel y devoto el resto de su vida para honrar a su padre.

EL MOTIVO DE LA CELEBRACIÓN

Considere ahora una importante verdad que salta a la vista pero que no se nos explica en detalle en la narración de Jesús de la parábola: esta celebración no era por la conducta del hijo. Incluso su arrepentimiento, tan maravilloso como fue, no ameritaba esta clase de honor exagerado. ¿Qué exactamente estaba celebrando esta fiesta? Una idea del momento arrojará una clara respuesta, porque después de todo es el tema integral de Lucas 15. Se trata del gozo puro de la redención.

Entonces la celebración en verdad era en honor de la bondad del padre hacia su indigno hijo. El padre no se está regocijando porque el hijo se las haya arreglado por hacer algo para ganarse su favor (el muchacho realmente *no había* hecho nada que fuera digno de elogio). Pero el padre se estaba regocijando porque ahora tenía la oportunidad muy esperada de perdonar y restaurar al hijo que lo había deshonrado tanto y que le había producido inmenso dolor.

> La celebración en verdad era en honor de la bondad del padre hacia su indigno hijo.

Es decir, la celebración aquí es por el padre, no por el hijo. La fiesta en realidad honra al padre. Fue el padre quien le devolvió al hijo su vida y sus privilegios. Fue quien lo perdonó, le restauró la condición de hijo, le dio verdadera libertad, y lo colmó con señales de amor. De modo que este padre, quien aparentemente no sentía vergüenza, hizo una fiesta para poder participar con todos en la alegría de su propia generosidad. Esa clase de gozo es contagioso, estimulante, refrescante y lleno de gloria. Es una ilustración soberbiamente adecuada del gozo en el cielo.

Me encanta el lenguaje al final del versículo 24: «Y *comenzaron* a regocijarse» (énfasis añadido). Este solo fue el principio; y es la representación de una fiesta que nunca termina.

De eso se trata el gozo en el cielo. Es la celebración eterna de la exagerada gracia del Padre amoroso para con pecadores arrepentidos, creyentes, pero totalmente indignos. El gozo en el cielo no *termina* cuando un pecador llega a casa; ese es solo el comienzo. ¿Se ha preguntado usted alguna vez qué harán los santos en el cielo? Así es como pasaremos la eternidad: en una celebración eterna del gozo de nuestro Padre celestial.

Una representación del gozo en el cielo

Mientras aún seguimos considerando al padre del pródigo, veamos algunas de las lecciones clave que podemos sacar de la descripción de Jesús. Recuerde que el padre en la parábola es una figura de Cristo. Él es quien carga con el reproche del pecador, quien invita a pecadores arrepentidos a venir a él por descanso, y quien abraza a todos los que llegan. Él dijo: «Al que a mí viene, no le echo fuera» (Juan 6.37). En él hay una provisión eterna de misericordia. Podemos ir con audacia ante él y obtener misericordia y gracia para el oportuno socorro en tiempo de necesidad (Hebreos 4.16). Él reemplaza los horribles harapos de nuestro pecado con la túnica perfecta de su propia justicia (Isaías 61.10). Él ofrece perdón, honra, autoridad, respeto, responsabilidad, total acceso a sus riquezas, y el pleno derecho para orar en su nombre.

El afán del padre por perdonar nos revela algo acerca de la perspectiva divina de la redención. Cristo no es un Salvador reacio. Dios el Padre mismo no es el menos reservado en extender misericordia a pecadores arrepentidos. Por eso 2 Corintios 5.20 describe el papel del cristiano en llevar el mensaje del evangelio a pecadores como personas que ruegan, suplican y urgen a otros a reconciliarse con Dios. Transmitimos ese mensaje, según el apóstol Pablo, «en nombre de Cristo», como embajadores, hablando con su autoridad y declarando el mensaje que él mismo ha hecho público para el beneficio de todos los pecadores en todas partes.

Esos hechos, combinados con las descripciones en la parábola del hijo pródigo, representan a Dios casi como impaciente en su afán por perdonar pecadores. Él corre a abrazar. Colma al pecador arrepentido de afecto y de besos. Rápidamente pide el vestido, el anillo y las sandalias. Su justificación es total e inmediata: una realidad concluida, no simplemente un objetivo etéreo hacia el cual el pecador se debe esforzar.

> El propio gozo de Dios se desborda cada vez que un pecador regresa.

El propio gozo de Dios se desborda cada vez que un pecador regresa.

Hay un esfuerzo en marcha en estos tiempos posmodernos, aun dentro de algunas partes del movimiento evangélico, por rebajar la importancia de la redención personal y la promesa del cielo para creyentes individuales. Sigo oyendo la sugerencia de que quizás hemos pasado por alto el punto principal del evangelio: que tal vez no se trate tanto del perdón de los pecados de esta o esa persona, sino de traer el reino de Dios a la tierra aquí y ahora. Y así, nos dicen, los cristianos deben preocuparse menos de su redención personal y más de redimir nuestra cultura o de solucionar los enormes dilemas de nuestros tiempos, como prejuicio racial, calentamiento global, pobreza, marginalización de personas privadas del derecho de representación, o cualquier crisis mundial que está programada como la causa destacada para el próximo concierto de ayuda en vivo.

El sufrimiento terrenal es de veras un asunto importante para los cristianos. Debemos cuidar a los pobres, ministrar a los enfermos y necesitados, consolar a quienes sufren, y defender a quienes están verdaderamente oprimidos.

Pero observe otra vez que el gozo divino del que habla Jesús en Lucas 15 no se libera debido a que finalmente se ha solucionado algún problema social en el mundo. Los habitantes del cielo no esperan jadeantes a ver si el ambiente de la tierra puede sobrevivir a los efectos del consumo de combustibles fósiles. El gozo que Jesús describió no está comúnmente reprimido bajo alguna moratoria divinamente decretada hasta que finalmente se pueda eliminar todo el sufrimiento del mundo. Ni el inicio de la celebración celestial está en compás de espera hasta que al menos estalle en alguna parte un avivamiento.

Todo el cielo se regocija «por un *pecador* que se arrepiente» (Lucas 15.7, énfasis añadido). Puesto que existe toda razón para creer que se están redimiendo pecadores en alguna parte en el mundo todo el tiempo, todos los días, parece seguro suponer que la fiesta en el cielo nunca se detiene. Todo el cielo está lleno de alegría consumada, pura e indescriptible. Lo mejor de todo es que ese gozo es constante y eterno. Por eso Dios también ordena a su gente aquí en la tierra: «Regocijaos en el Señor siempre» (Filipenses 4.4). «Estad siempre gozosos» (1 Tesalonicenses 5.16).

> Negarse a entrar en el gozo del cielo es prácticamente el pecado más irracional y malvado que se pueda imaginar.

Es más, negarse a entrar en el gozo del cielo es prácticamente el pecado más irracional y malvado que se pueda imaginar. ¿Por qué se negaría alguien a participar del gozo de este padre y celebrar la redención de un joven que causó tanta tristeza? Pero estamos a punto de conocer el personaje que encarna ese mismísimo resentimiento: el hermano mayor.

UNA CLASE DIFERENTE DE CONCLUSIÓN

Aquí la parábola da otro giro espectacular. Esta hermosa historia ha abarcado hasta aquí solo unos cuantos versículos, pero ha mostrado varias lecciones gloriosas y de vital importancia acerca de redención, perdón, justificación por fe, y gozo divino por la salvación de pecadores. La parábola parece estar dirigiéndose hacia un fin sumamente feliz.

Pero de pronto cambia todo el carácter de la historia. El hermano mayor entra en escena.

De repente la historia cae en picada hacia una clase totalmente distinta de desenlace. Y al final hace entender un mensaje urgente que no presagia nada bueno para la élite religiosa hipócrita de Israel.

Este es uno de los momentos más profundos y realmente fundamentales en la vida terrenal y la enseñanza de Cristo.

Parte 4

El hermano mayor

Y su hijo mayor estaba en el campo; y cuando vino, y llegó cerca de la casa, oyó la música y las danzas; y llamando a uno de los criados, le preguntó qué era aquello. Él le dijo: Tu hermano ha venido; y tu padre ha hecho matar el becerro gordo, por haberle recibido bueno y sano. Entonces se enojó, y no quería entrar. Salió por tanto su padre, y le rogaba que entrase. Mas él, respondiendo, dijo al padre: He aquí, tantos años te sirvo, no habiéndote desobedecido jamás, y nunca me has dado ni un cabrito para gozarme con mis amigos. Pero cuando vino este tu hijo, que ha consumido tus bienes con rameras, has hecho matar para él el becerro gordo. Él entonces le dijo: Hijo, tú siempre estás conmigo, y todas mis cosas son tuyas. Mas era necesario hacer fiesta y regocijarnos, porque este tu hermano era muerto, y ha revivido; se había perdido, y es hallado.

—Lucas 15.25–32

9

Su resentimiento

Entonces se enojó, y no quería entrar.

—Lucas 15.28

LOS PECADORES VIENEN EN DOS VARIEDADES BÁSICAS. ALGUNOS SON francos e intrépidos en su maldad, y no les importa de veras quién ve lo que hacen. El pecado que invariablemente los acosa es la soberbia... la clase de orgullo que se ve es un amor excesivo hacia sí mismos, y una codicia irrefrenable por placeres sin moderación alguna.

En el extremo opuesto están los pecadores reservados, quienes prefieren pecar cuando creen que nadie más está mirando. Tratan de ocultar en varias maneras sus pecados más evidentes, a menudo con el pretexto de la religión. Su constante pecado también es la soberbia, pero de la clase que se manifiesta a sí misma en hipocresía.

Desde luego, existen varios grados y varias mezclas de esos dos tipos de pecadores, y los dos tienen obviamente mucho en común, como dos hermanos cuyas personalidades los hacen ver muy diferentes, aunque genéticamente podrían ser casi idénticos.

De los dos tipos de pecadores, es mucho más probable que el licencioso y no el moralista enfrente la realidad de su propia condición caída, se arrepienta y busque salvación. Su pecado ha salido a la luz; es innegable. *Tiene que* enfrentarlo. No pasa lo mismo con el fariseo. Este tratará hasta donde sea posible de camuflar su inmoralidad, negar su culpa, no aceptar su necesidad de redención, y declarar su propia justicia. Por eso Jesús decía reiteradamente cosas como: «Los sanos no tienen necesidad de médico, sino los enfermos» (Mateo 9.12).

En la parábola de Jesús, obviamente el hijo pródigo representa a los pecadores declarados: rebeldes, disolutos, libertinos, los tipos deliberadamente inmorales que no disimulan fe en Dios ni amor por él. En otras palabras, el carácter del pródigo es un símbolo de aquellos que encontramos al regresar al versículo 1: «Los publicanos y pecadores», los marginados sociales. Tales individuos empiezan por alejarse todo lo posible de Dios. No le tienen amor innato. No desean ninguna relación con él. No quieren tener nada que ver con la Ley de Dios ni con su autoridad. No les interesa cumplir con las expectativas o demandas de alguien más, *especialmente* de Dios. No quieren ninguna responsabilidad con él. Ni siquiera quieren tenerlo en sus pensamientos.

El apóstol Pablo hizo esta descripción de personas pródigas en Romanos 1.28-32:

Y como ellos no aprobaron tener en cuenta a Dios, Dios los entregó a una mente reprobada, para hacer cosas que no convienen; estando atestados de toda injusticia, fornicación, perversidad, avaricia, maldad; llenos de envidia, homicidios, contiendas, engaños y malignidades; murmuradores, detractores, aborrecedores de Dios, injuriosos, soberbios, altivos, inventores de males, desobedientes a los padres, necios, desleales, sin afecto natural, implacables, sin misericordia; quienes habiendo entendido el juicio de Dios, que los que practican tales cosas son dignos de muerte, no solo las hacen, sino que también se complacen con los que las practican.

Es decir, los pecadores pródigos no tienen ninguna relación con Dios, ni siquiera la fingen. No aman a Dios, no se preocupan por él, piensan en él tan poco como pueden, y no quieren tener nada que ver con la familia de Dios.

De modo asombroso, la Biblia describe reiteradamente la actitud de Dios hacia estos pecadores pródigos, comparándola con la agonía del amor rechazado (Ezequiel 33.11; Oseas 11.7-8; Mateo 23.37; Romanos 10.21). Con una profunda expresión de tristeza divina, el Señor finalmente los entrega. Eso es lo que Romanos 1.28 significa cuando dice que «Dios los entregó a una mente reprobada»; «los entregó a la inmundicia» (v. 24); «los entregó a pasiones vergonzosas» (v. 26). Dios los entrega para que vayan tras su abierta rebelión. Multitudes de pecadores que sencillamente son así (según parece, la gran mayoría) nunca se arrepienten ni se vuelven a él. Pero el gozo de Dios es efusivo por quienes sí lo hacen. Además, su misericordia hacia ellos es inagotable.

A medida que Jesús continúa con su parábola, se hace evidente que la segunda (y opuesta) clase de pecador está personificada por el hermano mayor. Este joven es un emblema de todos los pecadores aparentemente honorables, superficialmente morales, o artificialmente religiosos... personas como los escribas y los fariseos. He aquí un pecador que cree que la hipocresía es tan buena como la verdadera justicia. Lo que parece por fuera envuelve una furiosa rebelión por dentro.

> El hermano mayor es el tercer personaje importante en la parábola, y resulta ser el que encarna la enseñanza principal de la parábola.

El hermano mayor es el tercer personaje importante en la parábola, y resulta ser el que encarna la enseñanza principal de la parábola. Su característica más evidente es su resentimiento por su hermano menor. Pero debajo de eso, y aun más inquietante, es claro que ha estado alimentando un odio silencioso y ardiente hacia el padre, parece que por muchísimo tiempo. Este espíritu secretamente rebelde ha conformado y moldeado su carácter de la manera más inquietante.

Lucas 15.25–28 manifiesta: «Su hijo mayor estaba en el campo; y cuando vino, y llegó cerca de la casa, oyó la música y las danzas; y llamando a uno de los criados, le preguntó qué era aquello. Él le dijo: Tu hermano ha venido; y tu padre ha hecho matar el becerro gordo, por haberle recibido bueno y sano. Entonces se enojó, y no quería entrar. Salió por tanto su padre, y le rogaba que entrase».

Las personas suponen a menudo que el hijo mayor representa a un verdadero creyente, fiel toda su vida pero repentinamente agarrado desprevenido por la generosidad de su padre para con el hermano caprichoso, y por tanto un poco resentido. Con esa interpretación, el hermano mayor en realidad solo necesitaría un ajuste de actitud.

> El hermano mayor resulta estar tan perdido y esclavizado sin esperanzas al pecado como estuvo su hermano. Solo que no lo admitía a sí mismo ni a los demás.

Sin embargo, esa interpretación deja de lado lo principal de la parábola. El hijo mayor *nunca* había estado dedicado de veras a su padre. De ningún modo simboliza al verdadero creyente. Al contrario, representa al hipócrita religioso. Él es la figura del fariseo en la historia de Jesús. Tal vez había hecho creer sinceramente a todo el pueblo que era el hijo «bueno»: muy respetuoso y fiel a su padre. Se quedó en la casa. Fingió ser un hijo leal. Pero en realidad no tenía verdadero respeto por su padre, no tenía interés por lo que le agradaba a su padre, no tenía amor por los valores de su padre, ni le pre-ocupaba su hermano menor necesitado. Todo eso se hace muy evidente a medida que se desarrolla la historia.

El hermano mayor resulta estar tan perdido y esclavizado sin espe-ranzas al pecado como estuvo su hermano. Solo que no lo admitía a sí mismo ni a los demás.

Resumen de la historia
desde el punto de vista del fariseo

Jesús era un narrador experto, y sabía exactamente cómo introducir a la audiencia en sus historias. Los fariseos estaban a punto de convertirse de forma inesperada en parte de este relato. Ellos habían seguido la narra-ción y habían hecho juicios éticos con cada cambio de trama. Pero hasta este momento aún escuchaban desde la perspectiva de los espectadores. Hasta ahora se mantenían cómodos fuera de la historia, lanzando juicios sobre el pródigo, su padre, y aun sobre Jesús. Los fariseos siempre disfru-tan esa clase de cosas. Algo a punto de ser horrible e indignante por la conducta de otras personas es solo diversión para todo fariseo de verdad. Por eso estaban poniendo mucha atención a la historia de Jesús, aunque solo para ser críticos.

Entonces Jesús le da ingeniosamente la vuelta a la tortilla sobre ellos y *los* pone bajo la lupa.

Imagine por un momento que usted es uno de los escribas o los fariseos (un legalista) que oye cuando Jesús narra la historia. En su evaluación, prácticamente todo lo que los personajes han hecho hasta este momen-to ha estado saturado de vergüenza. La aventura del hijo pródigo fue indecente. La prisa del padre por perdonar fue vergonzosa. Un enorme banquete donde todos los vecinos participaron de la juerga remató sin embargo todo con otro acontecimiento inaceptable… una auténtica celebración vergonzosa.

A lo largo, usted ha estado lanzando gritos ahogados, exclamaciones y gestos en todas las partes en que sintió que debía hacer saber su desaprobación. Cuando el hijo exigió su herencia, usted frunció profundamente el ceño y movió la cabeza de lado a lado. Cuando el padre le concedió lo que le pedía, usted rezongó protestando. Cuando el muchacho derrochó rápidamente toda su riqueza, usted exclamó respecto de lo vergonzoso de todo eso. Cuando él aceptó el empleo de cuidar cerdos, usted lanzó una exclamación de horror y se retorció las manos. Así sucesivamente. Ciertos aspectos de la historia han sido desconcertantes para usted, como el arrepentimiento del pródigo y su decisión de volver a casa. Pero de repente usted se indignó otra vez debido a la inesperada clemencia del padre. Al final, la fiesta cuidadosamente organizada lo dejó a usted moviendo la cabeza de lado a lado.

Según la manera de pensar suya, la decisión del padre de festejar es en algunas formas el suceso más problemático hasta aquí. Es algo que usted probablemente no habría previsto, y no le gusta el rumbo que la historia está tomando en ese momento.

Sin embargo, la narración lo ha apresado, porque sus temas principales son los mismos que a usted más le importan: honor y vergüenza, ganar aprobación frente a ira merecida, mantener una apariencia adecuada en contraste con pecar abiertamente, y ser premiado por hacer lo bueno a diferencia de ser despreciado por hacer lo malo. Usted ha seguido la historia con la esperanza de que quienes han actuado de manera tan vergonzosa al final reciban de algún modo las consecuencias adecuadas.

En resumen, usted espera que uno de los personajes haga algo que usted percibe como justo y honorable. El hermano mayor es su última y mejor esperanza. Aquí entra alguien con quien cualquier fariseo se podría identificar. Usted piensa para sí mismo: *Sin duda al final* este *tipo enderezará la historia*.

El hermano mayor salta al centro del escenario

Ese día el hermano del hijo pródigo había ido al campo. Lo más probable es que estuviera supervisando una cuadrilla de siervos que realizaban el trabajo duro mientras él les decía qué hacer. Los hijos de los nobles de esta importancia por lo general no necesitaban hacer personalmente ningún trabajo sucio. Y como parece que este joven particular estaba tan preocupado como los fariseos en mantener su honor, es poco probable que estuviera haciendo algo por debajo de su dignidad. Pero a pesar de eso «estaba en el campo» (Lucas 15.25) y en consecuencia totalmente ajeno a todo lo que sucedía ese día en la vida de su padre. Eso significaba que también desconocía los festejos que ya se estaban realizando en su casa, aunque en todo el resto del pueblo había habido por horas un murmullo al respecto.

Parece que era tarde en la noche, quizás incluso que ya estuviera oscuro, cuando apareció el hermano mayor. Podemos deducir eso por el ruido del jolgorio cuando llegó. Un festejo como ese comenzaría de manera muy imprecisa. (La vida en esa cultura no estaba regida por el reloj en la forma en que los están nuestros hechos de hoy.) Antes de terminar el día de trabajo se habría extendido el anuncio, en este caso sin duda como una invitación general para todos en el pueblo y sus inmediaciones: «¡Vengan! Estamos matando el becerro gordo. El hijo del noble ha vuelto a casa, y están dando una fiesta». Las personas empezarían a llegar tarde en la noche, después de haber concluido la jornada laboral y haber tenido tiempo de vestirse para la fiesta. La verdadera fiesta comenzaría a la puesta del sol, y se volvía más bulliciosa y más animada a medida que llegaban más y más personas. Los cantos y el jolgorio continuarían hasta bien entrada la noche mientras se llevaba a cabo el ir y venir de este maravilloso festejo.

> Es algo sorprendente que ni el padre ni nadie más le hubieran contado al hermano mayor acerca del regreso de su hermano.

La fiesta ya estaba totalmente encendida cuando llegó el hijo mayor y descubrió sorprendido lo que ocurría. Estos detalles son importantes por varios motivos. Antes que nada, se hace aun más evidente que la propiedad de esta familia era enorme y que las tierras eran muy extensas. El campo donde había estado trabajando el hermano mayor debió haber estado en otro lugar distante para no enterarse durante todo el día de lo que pasaba en la aldea y en la casa, especialmente una vez que empezaron a llegar los músicos, los bailarines, y cientos de invitados. Además, lo tarde de su llegada indica que venía de gran distancia.

Sin embargo, más importante es el hecho de que el joven entró a la fiesta totalmente ajeno a la realidad de que se hubiera planeado un acontecimiento como ese. Aquí estaba el evento más grandioso que el pueblo había presenciado, la más fabulosa celebración que su familia había ofrecido alguna vez… y él no sabía nada al respecto.

Es algo sorprendente que ni el padre ni nadie más le hubieran contado al hermano mayor acerca del regreso de su hermano. En todo el alboroto, no habían enviado un solo mensajero que le llevara la alegre información, y (aun más revelador) que ni siquiera se le hubiera pedido que ayudara con los preparativos de la celebración. Eso es muy sorprendente porque con tanto para coordinar y tantas tareas y personas que se debían supervisar, la ayuda de alguien con la influencia del primogénito de un noble seguramente sería una gran ventaja. Es más, la responsabilidad de disponer y supervisar los arreglos para un evento como este en esa cultura caía normalmente en los hombros del hijo mayor. La planificación de las conmemoraciones difícilmente era un deber patriarcal.

No obstante, en este caso, antes que el hijo mayor entrara en escena, todos los preparativos estaban completos, ya se había invitado a todo el pueblo, los músicos y los bailarines ya estaban dirigiendo los festejos, y la fiesta ya estaba en su apogeo.

Solo hay una explicación razonable. Este hijo no tenía mejor relación con su padre de la que tenía el pródigo cuando se fue de casa. Con seguridad el padre sabía eso… aunque nadie más lo supiera. Desde luego, el hermano mayor aún estaba viviendo en casa. Alguien de fuera de la familia quizás no notaría ninguna tensión obvia entre el padre y su primogénito. Pero toda esta supuesta fidelidad y docilidad con los deseos del padre solo eran una farsa. Ponían de manifiesto *su* manera de conseguir lo que deseaba: aprobación, afirmación, riqueza, tierra y prestigio en la comunidad. En realidad este muchacho estaba absolutamente separado del padre como había estado su hermano menor abiertamente rebelde.

El hermano mayor ya había evidenciado eso con claridad desde el principio de la historia cuando no hizo nada por disuadir a su hermano de que agarrara su parte de la herencia y se fuera de casa. Si le hubiera interesado en lo más mínimo el honor de su padre, debió haber hecho algo para defenderlo. En vez de eso, igualmente recibió con alegría su parte en la herencia, sin duda satisfecho de beneficiarse tan generosamente de la abierta rebelión del muchacho menor, mientras conservaba la delgada capa de su propia respetabilidad. El hermano mayor era en realidad culpable de una rebelión más pasiva, pero igualmente siniestra, y sus acciones lo demostraban. Él no tenía relación con nadie en la familia, ni con el padre, y sin duda tampoco con su hermano menor.

El hecho de que no mandaran llamar al hermano mayor en el instante en que llegó el pródigo parece ser clara evidencia de que al menos el padre podía ver lo que había de veras en el corazón del hijo mayor. El padre conocía la verdad acerca de su hijo primogénito, aunque para nadie más fuera obvio.

En realidad el hermano era culpable de una rebelión más pasiva, pero igualmente siniestra, y sus acciones lo demostraban.

Por eso la fiesta comenzó sin el hermano mayor; sin duda el padre anticipó cómo este reaccionaría ante la venida de su hermano, y por eso a propósito no lo tuvo en cuenta desde el principio en el proceso. No quería que la amarga y encolerizada actitud de este joven fuera a dañar tan festiva ocasión. Además, el antagonismo pasivo y agresivo del muchacho no habría ayudado en absoluto; es más, habría sido un serio impedimento durante las etapas preparatorias de hacer una gran fiesta como esta. Por tanto el padre sencillamente dejó que el hijo mayor se quedara en el campo mientras organizaba el festejo, llamó a los invitados, dio inicio al jolgorio, y actuó como único anfitrión.

UN RETORNO DE DIFERENTE CLASE

Así como la ida del hijo menor a la provincia apartada sirve para mostrar su mala relación con el padre, que el mayor estuviera en el campo es una metáfora adecuada de dónde estaba en cuanto a su familia. Ambos hijos estaban distanciados del padre. Al final los dos llegaron a casa, pero con actitudes totalmente distintas y a recibimientos del todo diferentes.

Cuando el hermano mayor «llegó cerca de la casa, oyó la música y las danzas» (v. 25). Esto era típico en fiestas de bodas y otras ocasiones festivas. Era un estilo de celebración musical, normalmente dirigida por instrumentistas y cantantes profesionales contratados para potenciar al máximo la felicidad del ambiente. Las voces de los invitados se unían al canto, y era típico que algunos hombres formaran un círculo y danzaran, mientras las mujeres y los niños permanecían en el perímetro externo aplaudiendo rítmicamente y cantando. Era algo intencionadamente chillón y ensordecedor, y con una fiesta de esta magnitud es probable que el hermano mayor comenzara a oírla cuando todavía estaba como a ochocientos metros.

En el aire también se olería el aroma de carne asada. Habían matado el becerro gordo. Lo típico era que la carne se asara en grandes pedazos que se cocían a fuego lento en hornos de pan con leños ardiendo. Se cocinaban grandes trozos de ternero en forma secuencial, de modo que a medida que comían las personas que llegaban primero, se seguía cociendo carne para las que llegarían después. El servicio continuaba por horas en un interminable buffet. El aroma de tanta carne asándose en hornos de leña de árboles frutales llenaría todo el ambiente con un olor muy agradable que de igual modo podía alcanzar una gran distancia.

Al regresar del campo sin tener idea de qué se trataba, el hijo mayor detectaría fácilmente en el aire todas las señales de una gran fiesta. Estaba sorprendido y comprensiblemente curioso. ¿Qué significaría esto?

Por supuesto que no había ningún motivo para que el hijo mayor hiciera suposiciones negativas. Cualquiera que se topara con una escena como esta debería recibirla con las más altas expectativas y un corazón impaciente. Después de todo, la música y los bailes le evidenciaban perfectamente que estaba entrando a una celebración, no a un funeral. El muchacho debió haber estado ansioso por saber qué buenas nuevas espectaculares pudieron haber motivado una fiesta de esta magnitud que no habían planeado. Es obvio creer que él corrió hacia el estruendo para verlo por sí mismo.

Pero no fue así. Es claro que este joven estaba en un estado de ánimo suspicaz. Sospechó. (Los legalistas siempre sospechan, en particular cuando se topan con personas alegres.) Estaba asombrado, confundido y claramente menos que contento de presenciar una parranda tan animada en su casa pero sin su conocimiento. Después de todo, cuando salió al campo esa mañana era un día como cualquier otro. Ahora que llegaba a casa ya en la noche, y sin que le avisaran nada, se encontraba con la más grande celebración que alguna vez había presenciado, en pleno desarrollo, y bajo su propio techo.

> Es comprensible la sorpresa del hermano mayor; no es muy fácil excusar su extrema indignación.

Es comprensible la sorpresa del hermano mayor; no es muy fácil excusar su extrema indignación. Su reacción sugiere que supuso desde el principio, cualquiera que fuera lo que motivara una alegría tan delirante de parte del padre, que sería algo que le iba a molestar. Por eso «llamando a uno de los criados, le preguntó qué era aquello» (v. 26).

UN BOICOT QUE SOLO UN FARISEO PODRÍA COMPRENDER

Si el corazón de este hijo hubiera estado bien, si hubiera tenido aunque sea una pizca de verdadero amor o de interés auténtico por alguien en su familia además de él mismo, el texto diría: «Corrió a la casa para ver de qué se trataba todo ese jolgorio». Es más, si su corazón no hubiera carecido por completo de todo amor filial natural, habría corrido directamente a su padre, lo habría abrazado, y le hubiera preguntado: «¿Qué maravillosa nueva estamos celebrando? ¿Qué está ocurriendo?» Entonces su padre le habría contestado: «Tu hermano está en casa», y se habrían abrazado y regocijado con lágrimas.

El hermano mayor debió haber sabido muy bien cuánto amaba su padre a su hermano menor. Cualquiera pudo ver fácilmente cuánto padeció el hombre al rebelarse el muchacho, y qué dolor había llevado en su corazón cada día desde que se fue el pródigo. Si el hijo que se quedó en casa hubiera amado de veras a su padre, también se habría alegrado con cualquier ocasión que lo hubiera hecho alegrar, *especialmente* algo como esta ocasión cercana y estimada al corazón del padre.

Pero el hermano mayor no respondió de ese modo. Permaneció afuera, deteniéndose antes de llegar a casa, manteniéndose a propósito lejos de la celebración. Exigió saber qué estaba pasando antes incluso de pensar en unirse a los festejos. El versículo 26 dice: «Llamando a uno de los criados, le preguntó qué era aquello».

La palabra griega traducida «criados» en ese versículo significa un muchacho que no ha llegado a la adolescencia. Todos los siervos adultos estaban adentro, desde luego, atendiendo a los invitados. Pero es natural que los siervos de la casa que vivían en una propiedad tan grande como esta tuvieran sus propias familias. Algunos en ellas eran niños. Se les llamaba «criados» por haber nacido en familias de siervos. De vez en cuando hasta podían hacer mandados a instancias del amo, pero también eran demasiado jóvenes para ser de mucha ayuda durante una gala como esta. Por eso jugarían afuera al margen de la celebración.

Un tremendo acontecimiento como este con tanta comida y la oportunidad de quedarse hasta bien entrada la noche, también era para ellos obviamente una ocasión feliz. Los niños tendrían afuera su propia fiesta, y de ese modo hasta los hijos de los criados participaban del gozo de esta maravillosa fiesta.

Aparentemente este fue el primer grupo que el hermano mayor encontró al venir en dirección a la casa. Por supuesto, él era una persona del más alto rango en la casa, por lo que ninguno de los niños criados le hablaría de manera informal. Tal vez hasta bajarían el tono de su animada charla hasta un susurro cuando él se acercó. Pero el hermano mayor le preguntó a uno de ellos qué estaba ocurriendo. En realidad el lenguaje que Jesús empleó sugiere que *exigió* una explicación, no de su propio padre sino de alguien que estaría totalmente intimidado por el joven. El modo verbal en el versículo 26 es imperfecto, e implica una acción repetida: «*Estuvo* preguntando». Esto sugiere que inundó al niño con una descarga de preguntas: *¿Qué está pasando? ¿Cómo es que yo no sabía nada de esto? ¿Por qué ni siquiera me consultaron?*

La respuesta del niño sugiere que esperaba que el hermano mayor recibiera bien la buena noticia: «Tu hermano ha venido; y tu padre ha hecho matar el becerro gordo, por haberle recibido bueno y sano» (v. 27). La expresión griega traducida «bueno y sano» en la versión española es la misma raíz de la que se deriva nuestra palabra *higiene*. Habla de totalidad, limpieza y salud. El niño criado no solo estaba anunciando que el hijo pródigo había llegado finalmente a casa desde la provincia apartada, sino que además había cambiado dramáticamente para bien. Más importante, el padre lo había *recibido*. La relación entre ellos se había restaurado. Por eso era la fiesta. Para esta ocasión mataron el becerro gordo que reservaban para alguna otra festividad. La breve sinopsis del niño criado resumía todos los acontecimientos del día en poquísimas palabras. Le dijo al hermano mayor todo lo que necesitaba saber.

Pero a este de ningún modo le agradó oír la noticia. Dado el contexto cultural, la gravedad del pecado del joven, y el hecho de que el hermano mayor aún no había visto al pródigo ni había oído de sus labios ninguna expresión de arrepentimiento, no esperaríamos que surgiera al instante en él todo el mismo gozo que tuvo su padre. Pero si después de todo, este hijo sintiera alguna clase de amor verdadero hacia su padre, no habría reaccionado al regreso de su hermano como si esta fuera una *mala* noticia. Al menos debió haberse llenado de algún sentimiento de alivio al saber que su hermano estaba en casa sin novedad. Él había presenciado la rebelión del pródigo. Sabía muy bien con qué clase de actitud malvada y autodestructiva se había ido de casa el muchacho. ¿No parecería razonable que debió alegrarse al saber que su hermano menor estaba vivo, además de estar curioso de ver por sí mismo cómo su hermano pudo haber cambiado?

Pero el hermano mayor no era ninguna de esas cosas. En vez de eso, su respuesta inmediata fue ira extrema. Se negó a entrar.

EL VERDADERO CORAZÓN REVELADO DEL HIJO MAYOR

No pase por alto el verdadero motivo del intenso desagrado del hermano mayor. Como veremos en el capítulo siguiente, toda esta actitud iracunda no estaba dirigida al hijo pródigo. Al contrario, se enfocaba directamente contra el padre. Era claro que este hijo primogénito no tenía ningún cariño por su hermano menor, pero el padre era aquel con quién más estaba resentido.

> Era claro que este hijo primogénito no tenía ningún cariño por su hermano menor, pero el padre era aquel con quién más estaba resentido.

El hijo mayor podía darse cuenta por el informe del criado que su padre había hecho las paces con el pródigo. El padre no solo le había «recibido bueno y sano» sino que también había «hecho matar el becerro gordo» (v. 27). El significado de ese gesto estaba claro. El padre ya había perdonado por completo al muchacho caprichoso, y su reconciliación era total.

Ni siquiera era como si el perverso apareciera buscando ayuda y el bondadoso padre estuviera ahora pensando en un castigo adecuado para él. Según parece, el padre no estaba exigiendo al pródigo que hiciera ninguna clase de restitución ni ideando un plan para que se ganara su reconciliación. Ahora eso no sería necesario. Era obvio para todos que el padre ya había recibido a su hijo en paz, que lo había perdonado por completo, y que ahora estaba ofreciendo esta espléndida fiesta para honrar el muchacho en vez de avergonzarlo.

Lo peor de todo era que para hacerlo el padre estaba gastando recursos que correspondían al hermano mayor tan pronto muriera el padre, y en realidad estaba disminuyendo el valor de la herencia del hijo «fiel».

Comprenda: a este hijo mayor no le importaba para nada el gozo del padre. No le interesaba unirse a la celebración. Lo único que le importaban eran sus derechos y sus posesiones. El hermano mayor era absolutamente interesado y carente de verdadero agradecimiento hacia el padre como lo era el hijo pródigo al principio de la parábola.

Sin embargo, por primera vez en la historia, los fariseos se estaban diciendo: *¡Sí! ¡Esa es exactamente la actitud correcta! Eso es precisamente lo que debe sentir cualquier persona que se valorice. Él tiene razón de estar indignado. Nosotros estamos indignados. Toda esta historia ha descrito una atrocidad tras otra, y ya era hora de que alguien en la narración hablara fuerte y dijera eso.*

Ese es el reflejo exacto de la situación de la vida real que vimos en el mismísimo inicio de Lucas 15: «Se acercaban a Jesús todos los publicanos y pecadores para oírle, y los fariseos y los escribas murmuraban, diciendo: Este a los pecadores recibe, y con ellos come» (vv. 1-2). Los escribas y los fariseos se quedaban fuera de la celebración. Les molestaba. Estaban indignados por la fiesta. Era un escándalo y una afrenta a su dignidad.

El hijo mayor es un símbolo perfecto para los fariseos. No tenía aprecio por la gracia, por no necesitarla. Como observaremos pronto, él calculaba que se había *ganado* la aprobación total del padre sin recurrir a ninguna gracia o misericordia especial. Si no necesitaba gracia y ni siquiera había pensado alguna vez en pedirla, no veía por qué se la debería ofrecer a alguien más.

La verdad es que el hijo mayor ni siquiera creía en la gracia. Quizás la palabra no le decía nada. Lo más probable es que él hablara de la misericordia y el perdón de Dios como si creyera de verdad en esas virtudes. Pero en realidad creía en tales cosas como favores que se debían ganar, y no como bendiciones misericordiosas que solo se pueden conceder de forma libre. No tenía el concepto del favor inmerecido. La misma idea del perdón gratuito le era repugnante.

Naturalmente, con tal opinión de la gracia, el perdón del padre hacia el hijo pródigo parecía un desprecio deliberado hacia el hermano mayor. El hijo caprichoso estaba recibiendo honra que nunca se le había ofrecido al muchacho mayor y más fiel. Esto era un insulto para él. Estaba atónito. Estaba indignado. Estaba confundido. Pero por sobre todo, estaba resentido.

Esa respuesta, en un nivel totalmente humano, podría parecer comprensible. Pero en realidad era la prueba definitiva de que este hijo mayor no tenía verdadero amor por su padre. Si hubiera querido de veras honrar a su padre, aquí estaba la oportunidad perfecta. Él pudo haber visto eso si no estuviera tan consumido consigo mismo, con su prestigio, con su propiedad, y con su programación egoísta. Pero la verdad es que este hijo era secretamente mucho *más* rebelde de lo que alguna vez había sido el pródigo. No era tan obvio en mostrar su desprecio por el padre como lo fue una vez el pródigo, pero en privado

> La verdad es que este hijo era secretamente mucho más rebelde de lo que alguna vez había sido el pródigo.

alimentaba el mismo corazón malvado de rebelión, la misma codicia, y la misma actitud egoísta. Se esforzaba por mantener cuidadosamente oculto su espíritu amargo, pero eso únicamente agregaba hipocresía a la lista de maldades que había cometido contra su padre. Su categórica negativa a ver el punto de vista del padre, y arrepentirse de su egocentrismo es lo que hacía su estilo de rebelión peor aun que el de su hermano.

Ese era exactamente el estado espiritual de los escribas y los fariseos que criticaban a Jesús por confraternizar con pecadores. Era cabalmente la clase de obsesión personal y fervor religioso egocéntrico que fomentaba su sistema. Jesús los comparó con sepulcros blanqueados: brillantes y hermosos por fuera pero llenos de muerte y de inmundicia por dentro (Mateo 23.27). Eran religiosos hipócritas que permanecían cerca de la casa de Dios para el bien de su propia imagen pública. Pero en secreto disfrutaban de todas las mismas cosas perversas que un incrédulo.

Incluso toda la actividad religiosa de los fariseos trataba solo de su propia promoción personal. Quizás creían de veras que estaban ganando la buena voluntad de Dios. Pero lo cierto es que estaban totalmente alejados de él. No tenían deseo sincero de honrarlo. No tenían interés fundamental en el gozo del cielo; es más, ni siquiera podían tolerar ese gozo, porque se trataba de regocijo por el arrepentimiento de pecadores, y se negaban a confesar su propia necesidad de arrepentimiento. Por tanto estaban despreciando abiertamente el gozo, y les molestaban profundamente aquellos que se arrepentían.

A medida que Jesús continuaba con la parábola, y los fariseos comenzaban a reconocerse en el hermano mayor, sus murmuradas expresiones de desagrado debieron haber empezado a surgir en un auge ensordecedor. La enseñanza cuya base el Señor había estado poniendo desde el principio de la parábola estaba a punto de hacerse muy, pero muy, clara, y ahora ellos incluso podían verla venir.

10

El verdadero carácter
del hermano mayor

He aquí, tantos años te sirvo, no habiéndote desobedecido jamás,
y nunca me has dado ni un cabrito para gozarme con mis amigos.

—Lucas 15.29

QUIENES CONOCEN LAS PARÁBOLAS DE JESÚS SABEN QUE LA TRAMA, los personajes, y la enseñanza principal de la historia del hijo pródigo tienen una cantidad de similitudes interesantes con una parábola mucho más corta narrada en Mateo 21. Esa parábola también trata de dos hijos. Jesús la contó en la cúspide de uno de sus más dramáticos encuentros con la élite religiosa de Israel.

La parábola de Mateo 21 es especialmente notable por su categórico antagonismo, dirigido a los principales sacerdotes y ancianos... los líderes religiosos de más alto grado en todo el tiempo de Israel. Jesús la contó en la cancha *de ellos* (o así lo suponían): los terrenos del templo en Jerusalén. Ellos fueron los que iniciaron este hostil encuentro para *confrontarlo*. Pero él cambió la situación y en vez de eso los puso al descubierto allí mismo. Jesús usó la parábola del hijo pródigo para ilustrar y desenmascarar la hipocresía de los fariseos. Luego los obligó a reconocer

con sus propios labios que es mejor para una persona abiertamente pecadora arrepentirse, y no alguien que niega ser pecador para proteger su
pecado detrás de una fachada de hipocresía respetable.

Esos dignatarios sacerdotales no estaban acostumbrados (por decir lo
menos) a que los cuestionen de ese modo. Pero Jesús aún no había ter-
minado. Siguió la parábola con una cortante denuncia de todo el enfoque de ellos hacia la religión. He aquí en resumen lo que sucedió.

> Jesús usó la parábola del hijo pródigo para ilustrar y desenmascarar la hipocresía de los fariseos.

Eran los últimos días en el ministerio terrenal de Jesús. Un día antes de esto él había limpiado el templo por segunda y última vez en sus tres años (Mateo 21.12-14; cf. Juan 2.13-18), expulsando a los mercachifles y cambistas de dinero que se beneficiaban ilícitamente de los fieles, y que daban al templo un ambiente de carnaval. Así que este grupo de eminentes autoridades del templo se le acercaron públicamente, desafiándolo: «¿Con qué autoridad haces estas cosas? ¿Y quién te dio esta autoridad» (Mateo 21.23). Al fin obligarían a Jesús a expresar claramente de quién era la autoridad que estaba detrás de sus enseñanzas.

Desde luego, los fariseos sabían que la respuesta de Jesús a su pregunta les vendría perfectamente bien. Parece que buscaban una forma de
acusarlo de blasfemia. Y si no podían hacer eso, quizás encontrarían una
manera de avergonzarlo. Así que habían decidido hacerle una pregunta
que estaban seguros que lo arrinconaría. Si él afirmaba estar enseñando
con la autoridad de Dios, ellos lo acusarían de blasfemia. Pero si afirmaba alguna autoridad menor lo podrían acallar con una apelación a la
tradición de ellos.

Jesús acordó contestarles su pregunta, pero solo si ellos primero contestaban otra parecida que les tenía. Su cuestión trataba con la autoridad detrás del bautismo de Juan: «¿De dónde era? ¿Del cielo, o de los hombres?» (Mateo 21.25).

Ahora Jesús *los* tenía acorralados. Puesto que Juan el Bautista había sido abiertamente hostil a la hipocresía institucionalizada de los líderes religiosos de Israel (Mateo 3.7-11), su inmensa popularidad entre la gente común era un grave problema para ellos. La mayoría de las personas en Israel creían que Juan era un gran profeta, de modo que si los líderes del templo cuestionaban abiertamente la autoridad de Juan, podían esperar una reacción violenta. Pero si afirmaban la autoridad de Juan serían condenados por no seguirlo.

A Juan el Bautista lo había hecho decapitar Herodes al menos un año antes de esto (Mateo 14.1-11). Se solucionó un problema para los líderes judíos al silenciar a alguien a quien relacionaban como molesto y fanático. Pero eso también convirtió a Juan en mártir, elevando dramáticamente su popularidad por todo Israel. Por tanto estos líderes religiosos necesitaban con desesperación fingir que eran neutrales respecto de Juan el Bautista. Aunque en realidad ellos se oponían a todo lo que él sostenía, intentaban más o menos guardar silencio acerca de él.

La pregunta de Jesús los presionaba donde más les dolía. Sea cual fuera su respuesta, estarían sometidos al desprecio del pueblo. De ahí que simplemente se negaron a contestar y en vez de eso fingieron ignorancia: «No sabemos» (v. 27).

Asimismo Jesús rehusó contestarles la pregunta acerca de su autoridad. Pero ahora tenía *otra* pregunta para ellos. Se las lanzó contándoles la parábola de los dos hijos:

Un hombre tenía dos hijos, y acercándose al primero, le dijo: Hijo, ve hoy a trabajar en mi viña. Respondiendo él, dijo: No quiero; pero después, arrepentido, fue. Y acercándose al otro, le dijo de la misma manera; y respondiendo él, dijo: Sí, señor, voy. Y no fue. ¿Cuál de los dos hizo la voluntad de su padre? Dijeron ellos: El primero. Jesús les dijo: De cierto os digo, que los publicanos y las rameras van delante de vosotros al reino de Dios (vv. 28–31).

Ese es un lenguaje durísimo, con una posición muy definida. Al leerlo, tenga en cuenta la cortante severidad del tono de Jesús. A la mayoría de las personas de ese entonces como del presente les desanimaría por completo la franqueza pura y rotunda del lenguaje de Jesús, así como su dura actitud hacia la élite religiosa. Pero las circunstancias exigían una alarma tan ensordecedora.

Observe también que el simbolismo de los dos hijos en esa parábola es clarísimo en su propio contexto. El hijo que al principio se rebeló y luego transigió representa a los «publicanos y las rameras» que venían a Jesús en busca de misericordia y perdón. El hijo que aseguró obedecer pero no lo hizo es un símbolo de la élite religiosa, que fingía fidelidad y obediencia pero en realidad era la peor clase de rebeldes incrédulos.

> La parábola se resume en esto: Es un llamado muy serio y urgente para escribas, fariseos, sumos sacerdotes y cualquier otra persona religiosa hipócrita y santurrona.

También son muy obvias las analogías entre esa parábola y la del hijo pródigo como para hacerles caso omiso. El simbolismo de los dos hijos en las dos parábolas es exactamente el mismo. Es más, la historia de Mateo 21 tiene prácticamente la misma trama que la del hijo pródigo, a excepción de todo el colorido y los ricos detalles del guión. En esencia, Jesús resalta el mismo punto. Muestra que la locura absoluta de pensamientos hipócritas como los de escribas y fariseos cree merecer la aprobación de Dios.

Jesús dijo que al final los publicanos y las rameras que se arrepienten entrarán al reino de los cielos, pero no la mayoría de los fariseos diligentemente religiosos, a menos que se arrepientan y reconozcan su total dependencia en la gracia divina y la justicia del Señor, y no en sus propias buenas obras y su santurronería.

Como hemos visto, ese también es en última instancia el mensaje de la parábola del hijo pródigo. Al final de todos los coloridos detalles, los ofensivos cambios de trama, los rasgos de interés humano, y hasta la conmovedora redención del hijo pródigo, la parábola se resume en esto: Es un llamado muy serio y urgente para escribas, fariseos, sumos sacerdotes y cualquier otra persona religiosa hipócrita y santurrona.

¿Cuáles son las características de esos individuos? Varias de ellas son muy obvias en el hermano mayor de la parábola del hijo pródigo cuando responde iracundo a su padre.

SU ANIMOSIDAD POR LA CELEBRACIÓN

Volvamos a la escena que dejamos al final del capítulo anterior. El hermano mayor llega tarde a casa y encuentra una fiesta como nunca antes ha visto. Un joven criado le acaba de decir que su hermano menor ha vuelto a casa, que el padre ya ha perdonado al pródigo y lo ha recibido con gozo, y que mandó matar el becerro gordo a fin de hacer una gran fiesta para celebrar la redención del hermano. Como vimos en el capítulo anterior, el hermano mayor averiguó y no recibió ampliación de ninguno de estos hechos. No buscó más información. Ya había oído suficiente. «Entonces se enojó, y no quería entrar» (Lucas 15.28).

El enojo del hermano mayor aquí nos ofrece una buena imagen de su verdadero carácter. Revela lo que ha estado guardando en su interior todo el tiempo. Este hijo quizás se ha esforzado por conservar una fachada respetable, pero por dentro estaba lleno de amargura que había llegado al punto de ebullición y estaba listo a explotar en furia absoluta a la menor provocación.

En realidad, ¿por qué debía estar indignado el hermano mayor? El gozo de su padre por el arrepentimiento y el regreso del hermano menor no era un insulto para él. No era que el padre despreciara ahora a su hijo primogénito solo por haber perdonado a su hijo menor. Al expresar su gran amor por el pródigo y su alegría por haber regresado, el padre no formulaba nada negativo respecto del hijo mayor. El amor de los padres no está dividido en cantidades finitas, de tal modo que cualquier amor especial que mostrara hacia un hijo pudiera disminuir automáticamente sus sentimientos por el otro. Con seguridad podrá regocijarse por el regreso de un hijo perdido sin que el hijo que no se fue lo perciba como un desprecio hacia él.

> Pero probablemente ahora los fariseos estaban sintonizados en la realidad de esas descripciones de Jesús: el hermano mayor era un espejo en el que ellos mismos se podían ver.

Pero como vimos en el capítulo anterior, en la narración hay abundante y clara evidencia para sugerir que este hijo sencillamente era tan rebelde a su manera como había sido el pródigo en la cima de su necedad. La conducta del hijo mayor fue distinta de la de su hermano, pero su corazón estaba lleno de la misma codicia y los mismos deseos. Ya hemos visto una clara expresión de la rebeldía de este hijo al titubear y sospechar cuando llegó y descubrió la fiesta. Ahora se confirma sin ninguna duda su espíritu secreto de rebeldía por medio de su petulante negativa a tomar parte en el gran gozo de su padre.

Pero probablemente ahora los fariseos estaban sintonizados en la realidad de esas descripciones de Jesús: el hermano mayor era un espejo en el que ellos mismos se podían ver. Si ellos aún no lo habían captado, sin duda la frase «entonces se enojó, y no quería entrar» les debió haber dado una pista.

Recuerde que lo que dio lugar a esta sarta de parábolas en primer lugar fue la queja de los escribas y los fariseos de que Jesús «a los pecadores recibe, y con ellos come» (v. 2) Todo desde esa declaración hasta «y [el hermano mayor] no quería entrar» (v. 28) se ha erigido de modo continuo hasta este momento, y estaba a punto de ser desenmascarada la pecaminosidad de la actitud de los fariseos.

El gozo está presente en el resto de Lucas 15. El pastor que encuentra su oveja estaba tan feliz que hace una celebración formal para todos «sus amigos y vecinos» (v. 6). La mujer que buscó la moneda perdida hasta hallarla no pudo contener su felicidad, así que de igual modo «reúne a sus amigas y vecinas» para festejar (v. 9). Ahora el agradecido padre del hijo pródigo estaba tan inundado de gozo por el regreso de su hijo que preparó la más fabulosa celebración que se había visto, e invitó a todo el pueblo. Por tanto, no hay

> El individuo que permanece iracundo fuera del banquete y que se niega a entrar debe enfrentar la realidad de que él mismo se ha excluido del reino de Dios.

duda de que el irreprimible gozo de encontrar lo que se había perdido es el tema repetitivo que domina todo este capítulo.

Una sola persona, en todas las tres parábolas, rechazó la invitación a regocijarse: este hermano mayor enojado. Su grosería es de lo más sorprendente por el modo en que se opone de forma descarada al telón de fondo de tanta alegría.

El punto *debería* ser claro como el cristal: como estas tres parábolas eran enseñanzas acerca del gozo de Dios por la salvación de pecadores, y como los festejos simbolizaban la fiesta de los redimidos que participan en el gozo del cielo, entonces el individuo que permanece iracundo fuera del banquete y que se niega a entrar debe enfrentar la realidad de que él mismo se ha excluido del reino de Dios. Es decir, cuando el hijo primogénito se cruzó de brazos, se mantuvo firme, y se negó a entrar a la fiesta de su padre, esa era una ilustración de las mismas cosas que Jesús mismo hizo categóricas al final de la parábola de los dos hijos en Mateo 21, en que se dirigió a los líderes religiosos y manifestó: «De cierto os digo, que los publicanos y las rameras van delante de vosotros al reino de Dios» (Mateo 21.31).

El hermano del prodigo nos da una descripción vívida de cómo veían las cosas los fariseos. Ilustra la razón de que fueran tan altaneros y odiosos en sus relaciones con otros. Ellos desdeñaban la idea de que la gracia divina bastaba para salvar pecadores. Les molestaba la misericordia del perdón inmediato. Se burlaban de la enseñanza de Jesús de que los pecadores podían ser justificados por fe y reconciliados al instante con el Padre celestial.

> El error principal de los fariseos yace en creer que ellos *sí* merecían el favor de Dios.

La mayoría de los fariseos se había esforzado incansablemente durante toda la vida por ser respetables y ganarse el favor de Dios. Y sin embargo algunos de los pecadores más pervertidos en esa cultura (publicanos, prostitutas y endemoniados) habían hallado perdón y comunión inmediata con Cristo. Era típico que él los perdonara en el mismo instante en que comenzaran a expresar su arrepentimiento. Pero a los fariseos ni siquiera se les pidió que supervisaran los preparativos para la fiesta de celebración. No era justo. No era equitativo. Esta no era la clase de Mesías que esperaban.

Bueno, reconozcamos el único punto de verdad en la perspectiva de los fariseos. *Por supuesto* que los pecadores no merecen perdón y vida eterna. El hijo pródigo no merecía todo el favor que le mostró su padre. Eso era absolutamente cierto, y ningún pecador perdonado, o hijo pródigo restaurado, afirmaría alguna vez lo contrario.

Pero el error principal de los fariseos yace en creer que ellos *sí* merecían el favor de Dios.

El hermano mayor estaba a punto de expresar ese mismo sentimiento, y cualquier fariseo que quisiera ser sincero consigo mismo tendría que reconocer total simpatía con esta perspectiva orgullosa:

He aquí, tantos años te sirvo, no habiéndote desobedecido jamás, y nunca me has dado ni un cabrito para gozarme con mis amigos. Pero cuando vino este tu hijo, que ha consumido tus bienes con rameras, has hecho matar para él el becerro gordo (Lucas 15.29–30).

Veremos más de cerca ese pequeño soliloquio antes de que termine este capítulo, pero por ahora considere el mayor problema con la perspectiva del hijo mayor: al despreciar la gracia del padre se estaba condenando él mismo. Sea que estuviera dispuesto a admitirlo o no, el hermano mayor necesitaba el perdón y la misericordia del padre tanto como el pródigo. En vez de molestarle la generosidad del padre con su hermano, este hijo debió haber sido el más ansioso participante en el festejo, porque también tenía desesperada necesidad de esa clase de misericordia. Si hubiera tenido simplemente una sincera comprensión de la maldad de su propio corazón, habría aprovechado la misericordia del padre como la más grandiosa razón de todas para alegrarse.

Las mismas verdades gobiernan el reino espiritual. Separado de la gracia de Dios, nadie tiene poder de hacer otra cosa *sino* pecar. Por tanto, quienes se burlan del concepto de la gracia increíble solo se están condenando. Sus obras podrían parecer buenas en un nivel superficial. Podrían parecer muy impresionantes desde una simple perspectiva humana.

Pero la Biblia es clara: todas las obras humanas, los hechos religiosos y los actos de justicia llevados a cabo con la idea de conseguir la aprobación de Dios no son más que trapos de inmundicia a juicio de él (Isaías 64.6). Están contaminados por motivos impuros. Se hacen con un deseo de engrandecimiento personal y no para la gloria de Dios. En consecuencia alimentan orgullo pecaminoso y flagrante hipocresía. Las obras religiosas desprovistas de gracia son imperfectas en toda medida, y por tanto son totalmente abominables para Dios, quien no puede tolerar ningún modelo vergonzoso de su propia perfección absoluta.

Eso significa que la gracia es la *única* esperanza para todo pecador. De eso es lo que se trata esta parábola, y es lo que simboliza el perdón del hijo pródigo. Quienes se arrepienten y se vuelven a Cristo reciben perdón total y se cubren de inmediato con el manto de la perfecta justicia divina. De este modo cumplen la norma imposible que Dios exige: no a través de hacer algo por su cuenta sino por medio de lo que Cristo hace a su favor. Así es como Dios justifica a los impíos (Romanos 3.26).

Y por eso es que la misma actitud altanera e iracunda de los fariseos que les hacía molestarse por la gracia de Cristo hacia los pecadores, era el mismísimo aspecto que les sellaba su propia destrucción.

SU ENEMISTAD CONTRA SU PADRE

El padre y su hijo primogénito en esta parábola son un estudio en contraste. El padre es amable y compasivo, y se regocija cuando su hijo menor se arrepiente. El hermano mayor era egoísta y de corazón cruel, y se enojó de veras por la misericordia del padre hacia su hermano necesitado. Esta es una triste muestra de exasperación infantil, digna de una rápida reprensión del padre.

> Para acercarse al hijo mayor, el padre hizo toda clase de intentos tan bondadosos y clementes como la misericordia que había mostrado al pródigo.

Pero para acercarse al hijo mayor, el padre hizo toda clase de intentos tan bondadosos y clementes como la misericordia que había mostrado al pródigo. Cuando de algún modo le informaron que su primogénito estaba afuera, negándose a entrar, el padre comprendió por supuesto que esta era una expresión de furiosa rebelión de parte del hijo mayor. Al haber soportado el dolor de la rebelión del pródigo, y acabando apenas de empezar a disfrutar la alegría de su regreso y su arrepentimiento, el padre ahora debía contender con un segundo hijo rebelde.

La rebeldía largamente reprimida debajo de la hipocresía del hijo mayor salía ahora a la luz. Sin duda el padre conocía desde el principio la perversa enemistad oculta en el corazón de su hijo. (Sería prácticamente imposible para un hijo mantener en total secreto al padre ese nivel de antagonismo.) Pero su desprecio por el padre había emergido ahora como auténtica insolencia.

Sin embargo, en vez de reprender a su hijo (o algo peor), el padre trató dulcemente con él: «Salió por tanto su padre, y le rogaba que entrase» (Lucas 15.28). En realidad salió de la fiesta y fue adonde el hijo mayor estaba haciendo una rabieta. Es difícil concebir que alguna otra cosa podría haber hecho que el padre saliera voluntariamente de una ocasión tan feliz para someterse a un dolor de esta magnitud. Pero él era un hombre de gracia, y quería de veras a sus dos hijos. Por consiguiente empezó a suplicarle al hijo mayor, rogándole que dejara a un lado su amargura, entrara y se uniera a la celebración.

Aquí hay otra representación de Dios, en Cristo, como quien hace la primera propuesta de paz al pecador. Él (como siempre) es quien busca e inicia. Aunque en esa cultura el padre aún tenía todo el derecho de ordenar a su hijo, y el hijo tenía la obligación de obedecer, este padre no quería conformidad a regañadientes. Ya había visto mucha en este hijo. De modo que en lugar de ordenarle a su hijo primogénito, le rogó fervientemente.

> Aquí hay otra representación de Dios, en Cristo, como quien hace la primera propuesta de paz al pecador.

A propósito, eso habría causado casi tanta sorpresa a la audiencia de Jesús como la ternura que el padre mostró al pródigo. Los padres en esa cultura típicamente no suplicaban. No tenían que hacerlo; ellos ejercían autoridad. Además, en un caso como este donde en realidad al padre había sido ofendido por el rechazo de su hijo primogénito de entrar al banquete de festejo en su propia casa, a nadie en esa sociedad le habría importado un comino si el padre hubiera obligado a entrar al muchacho y le hubiera dado una paliza en público por su insolencia. Como mínimo, pudo haber encerrado al hijo en alguna parte para poder tratar adecuadamente con él.

En vez de eso, el padre ofendido abandonó su propia celebración para rogar al hijo mayor que transigiera de su despreciable actitud. Sin más que misericordia, él se extendió al muchacho de la misma forma que se había extendido al hijo pródigo que regresaba.

Pero la respuesta de este hijo fue muy diferente, y revela más lo profundamente arraigado que estaba su resentimiento hacia el padre. Harto y furioso, rasgó el velo de su hipocresía y descargó su amargura con lenguaje y tono que a las claras significaba que estaba insultando. Ahora estaba claramente enfurecido, y no le importó quién se diera cuenta. Vuelva a examinar los versículos 29-30, esta vez de LA BIBLIA DE LAS AMÉRICAS:

> Pero respondiendo él, le dijo al padre: «Mira, por tantos años te he servido y nunca he desobedecido ninguna orden tuya, y sin embargo, nunca me has dado un cabrito para regocijarme con mis amigos; pero cuando vino este hijo tuyo, que ha consumido tus bienes con rameras, mataste para él el becerro engordado».

Con la mismísima primera palabra, «*Mira*», explotó súbitamente la profunda enemistad y la falta de respeto hacia su padre que toda su vida este joven había tratado de ocultar de la opinión pública. En ese entonces, igual que hoy día, si un hijo se dirigía a su padre de ese modo era una señal de total desprecio, y la ferocidad en su tono es imposible de ocultar, incluso en la versión impresa: «Mira, *por tantos años te he servido*...»

Incluso cuando el pródigo aún estaba en la provincia apartada, la primera vez que empezó a imaginarse cómo regresaría y pediría ser un jornalero, planeó y ensayó el modo de dirigirse a su padre con el mayor respeto y afecto como «Padre». Es más, las palabras iniciales de las declaraciones de los dos hijos forman un sorprendente contraste. El rebelde habla con humildad y gran consideración por su padre: «Padre, he pecado...» (v. 18). El hijo supuestamente bueno y respetuoso se expresa con pura arrogancia y falta de respeto: «Mira, por tantos años te he servido» (v. 29).

El texto griego es aun más revelador. El hermano mayor usa la palabra *doulos* para describir su papel. Literalmente significa: «Por tantos años he sido tu *esclavo*». Esta es una típica mentalidad legalista. El muchacho estaba admitiendo que todo lo que había hecho por su padre lo hizo bajo un sentimiento de coacción, no de agrado. En su propia opinión, su servicio al padre había sido una pesadez equivalente a la esclavitud. En lo que a él respecta, su vida en casa era cualquier cosa menos un placer. No tenía felicidad propia, y por consiguiente le interesaba un bledo participar del gozo del padre.

> El hijo primogénito estaba en la misma situación en que había empezado el hijo menor. Quería lo que consideraba legítimamente suyo, según su punto de vista, para poder vivir como le diera la gana.

¿Por qué entonces se quedó el hermano mayor todos esos años trabajando? Si su servicio para el padre le era algo tan odioso, ¿por qué simplemente no se fue de casa como hizo el menor? La respuesta es sencilla si se medita en ella. Él era el hijo primogénito. Se quedó para recibir doble porción de la herencia del padre, incluyendo la parte mejor y más grande de la tierra. Él no iba a perder ese derecho por un pago en efectivo del modo en que hizo su tonto hermano. Pero su actitud era la misma que tuvo el pródigo al principio, y quizás aun más fea. Básicamente él estaba deseando que su padre muriera para así poder manejar su vida.

Al final, el hijo primogénito estaba en la misma situación en que había empezado el hijo menor. Quería lo que consideraba legítimamente suyo, según su punto de vista, para poder vivir como le diera la gana. Simplemente tuvo una manera diferente de lograr ese objetivo de largo plazo. Le faltaba la audacia de su hermano menor. No tenía carácter para irse. Le era mucho más fácil esperar sencillamente hasta que muriera el padre, y luego tendría lo que deseaba.

Su descaro para describirse personalmente

La evaluación personal del hijo mayor es uno de los aspectos más reveladores de toda su perorata. Vea cómo expresa la típica imagen personal demasiado inflada de un hipócrita religioso: «No habiéndote desobedecido jamás» (v. 29). Se parece al joven rico que oyó el resumen de Jesús de los Diez Mandamientos, y luego replicó alegremente: «Todo esto lo he guardado desde mi juventud. ¿Qué más me falta?» (Mateo 19.20).

¿De qué se trata la hipocresía que alimenta el orgullo? Se podría pensar que alguien que es un hipócrita podría manejar un mínimo de humildad para compensar las cosas. Después de todo, todas las personas que lo conocen saben que lo que él pretende no corresponde con la realidad de quién es de veras. ¿Por qué los tipos como este siempre son orgullosos?

La respuesta obvia es que son muy buenos mintiéndose como lo son engañando a los demás. Por tanto se engañan por completo. Puesto que el hipócrita *finge* ser bueno, está bajo la ilusión de que en realidad ha *actuado* bien... y por consiguiente cree que *es* bueno. Al haber hecho todas sus «buenas obras» solo para beneficiarse, naturalmente se autosatisface. Entierra tan profundamente como puede la verdad de quién es, reprime su conciencia, y por ende no tiene dificultad en mantener en la mente la ilusión de que nunca ha desobedecido un solo mandamiento.

Parece que en la actualidad oímos a menudo de personas como esa. En esta era de «ninguna culpa» en que la educación pública produce conciencias cauterizadas en masa, ya hemos visto dos o tres generaciones llegar a la madurez habiendo sido rigurosamente adoctrinadas con la clase de valoración propia que adrede les enseña a creer que nunca están equivocados de veras, sin importar de qué se trate. Muchas celebridades en el mundo del espectáculo son de conducta fácil. En la actualidad la mayoría no son tan sofisticados o externamente decentes como eran los fariseos, pero están igualmente convencidos de que no hay nada malo en sus vidas, y que la culpa debe ser de otro. Incluso una noche vi en el noticiero una entrevista desde la prisión a un pedófilo y asesino en serie declarado culpable. Al preguntarle por qué decidió conceder una entrevista, declaró: «Quiero que la gente sepa que no soy mala persona».

Los corazones pecadores tienen una asombrosa capacidad para el autoengaño, y se puede ver esa dinámica funcionando en el flagrante descaro de este hijo mayor. Él estaba totalmente convencido de que *merecía* todo lo que el padre había dado al hijo que admitió que no merecía nada.

Irónicamente, aun mientras hacía esa protesta, el hermano mayor estaba demostrando por sus acciones que no tenía amor por el padre, que no le interesaba el amor del padre por su hermano menor, que no deseaba participar de la alegría del padre, y que no tenía ninguna clase de gozo por nada. Dijo que se sentía como un esclavo

> El hermano mayor estaba demostrando por sus acciones que no tenía amor por el padre, que no le interesaba el amor del padre por su hermano menor, que no deseaba participar de la alegría del padre, y que no tenía ninguna clase de gozo por nada.

en su propia casa. Era claro que había atesorado un corazón pletórico de resentimiento contra su padre. Su corazón era desdichado. A todas luces estaba tan separado del padre como su hermano pródigo había estado alguna vez. ¿Cómo podía alguien tan perfectamente miserable insistir en serio en que era perfecto y sin ninguna necesidad de arrepentirse? Ese es el autoengaño del pecado.

Pero el hijo mayor aun no había terminado. A continuación se comparó con el padre y lógicamente, en opinión del joven, el padre quedó corto: «Y nunca me has dado ni un cabrito para gozarme con mis amigos» (v. 29). En otras palabras, «Tu otro hijo viene a casa después de causarte desgracia pública, y le das la ternera principal junto con una fiesta en compañía de todo el pueblo. Yo trabajo para ti como esclavo por años, y ni siquiera me has dado suficiente carne de cabra para una pequeña recepción con unos cuantos de mis amigos más íntimos».

A propósito, eso no era cierto. Recuerde que su padre le había dado al hijo mayor todos los derechos sobre todo lo que poseía. Esta falsa acusación es mil veces más malvada que la insistencia del hijo mayor en que no tenía nada por lo cual pedir perdón a su padre. Ahora en realidad estaba sugiriendo que era el padre quien necesitaba *su* perdón.

La manera en que el hijo mayor describió lo que creía que su padre debió haber hecho por él podría contener una clave más acerca de su alejamiento. Observe que si el padre le hubiera dado un cabrito, su deseo sería usarlo para gozarse «con *mis* amigos». La honra que él imaginaba, y en que insistía y creía merecer, era el privilegio de divertirse con *sus* propios amigos.

El concepto del hermano mayor de la fiesta ideal no incluiría a su hermano, a su padre o a los amigos y vecinos de estos. Él estaba viviendo en un mundo completamente distinto. Tenía un grupo totalmente distinto de amigos. Quizás aún estaba durmiendo en casa, pero sus relaciones comprendían un grupo cerrado que excluía a su padre, su hermano, y el círculo más amplio de relaciones familiares. En lugar de eso buscaba fraternidad y compañerismo con individuos que tenían sus mismos valores, y que definitivamente excluían al padre. (Por cierto, hasta esa característica del hermano mayor refleja la actitud de los fariseos. Ellos excluían por completo de su círculo de fraternidad a todos los que no concordaban con ellos.)

Lo que vemos aquí es a un joven enojado, rencoroso, envidioso, desvergonzado y codicioso. Esta no fue una simple respuesta mala al inesperado impacto de los acontecimientos del día; se estaba revelando el verdadero carácter del hermano mayor.

Su hostilidad hacia su hermano

A continuación este resentido hijo tornó su amargura contra el pródigo que se presentó de nuevo: «Pero cuando vino este tu hijo, que ha consumido tus bienes con rameras, has hecho matar para él el becerro gordo» (v. 30). Desde luego, ese fue un asalto más al carácter, la integridad y la virtud de su padre. Aún seguía insinuando que su padre había sido terriblemente injusto.

Pero lo más extraordinario acerca de esa afirmación es su total falta de consideración hacia su hermano. Es más, se negó a referirse a él como «mi hermano». En lugar de eso lo llamó «este tu hijo», y luego sacó a relucir los pecados del pródigo y los reseñó a todo color, aunque sabía muy bien que el padre ya había declarado perdonadas esas faltas.

Parece que el hijo mayor sacó a propósito los pecados más ofensivos y los puso primero sobre el tapete. Estaba enumerando los pecados por los cuales, técnicamente bajo los principios mosaicos de justicia, se consideraba la muerte como justo castigo (cf. Deuteronomio 21.18-21). Esa era su manera sutil de resaltar que el pródigo debería morir, y que francamente estaría más feliz si así fuera. Aunque parezca mentira, este fue un ataque insensible y malvado a un hijo que el sabía que el padre amaba… antes que el hijo mayor hubiera mostrado incluso la cortesía de saludar a su hermano y darle una oportunidad de expresar personalmente su arrepentimiento.

Este fue un atroz ataque antifraternal a su hermano menor. Recuerde que el hermano mayor se había alegrado mucho al ver que su hermano rebelde exigía por anticipado su parte de la herencia y se iba de la casa. Tal vez estrictamente hablando no haya sido cómplice en la rebelión del pródigo, pero tampoco había sido ninguna buena influencia sobre él.

El hijo primogénito debió haber sido un ejemplo para su hermano menor. Y en realidad quizás lo habría sido. Tal vez el hijo pródigo había aprendido de su hermano mayor su falta de respeto; pero sin la restricción que viene con la madurez, él no supo cuándo renunciar por lo que llevó abiertamente su rebelión por una senda que casi terminó en su destrucción.

No hay insinuación de tristeza por nada de esto en el lamento del hijo mayor. Solo estaba preocupado por sí mismo, sus deseos, su posición, y su propio bienestar. Parecía sugerir que habría sido mucho más feliz si su hermano hubiera muerto de veras en esa provincia apartada.

SU INSENSIBILIDAD HACIA LA VERDAD

Aunque parece que el padre sabía desde el principio que el corazón del hijo mayor no era correcto, tal súbita descarga de rebelión insensible debió haberlo agarrado un poco desubicado. Se trató de una cruda desviación del estilo pasivo-agresivo normal que el joven había perfeccionado.

Pero aun en la provocación de ese ataque verbal, el padre contestó con ternura y suavidad. Le dijo: «Hijo, tú siempre estás conmigo, y todas mis cosas son tuyas. Mas era necesario hacer fiesta y regocijarnos, porque este tu hermano era muerto, y ha revivido; se había perdido, y es hallado» (Lucas 15.31–32).

El texto griego usa ocho veces en este pasaje la palabra *huios*, la expresión formal para «hijo». Sin embargo, aquí el padre dice *teknon*, que significa «mi niño». Claramente el tono del padre estaba lleno de pena y de terrible dolor, mezclados con compasivo amor y misericordia. Estaba usando los términos más atractivos y haciendo una súplica asombrosamente dulce.

Recuerde que este hijo se había dirigido a su padre sin título, nombre, afecto y respeto: «¡Mira! Me he esclavizado por ti…» Él había atacado la virtud, la integridad, la justicia, y la rectitud del padre. El hijo mayor estaba lleno de exigencias y carecía de cualquier entendimiento. El padre, en contraste (aunque tenía la autoridad para ordenar), no hizo ninguna otra solicitud que una súplica tierna y razonable.

A veces es más fácil ser paciente con pródigos que con hipócritas. Como pastor pienso en eso a menudo. Pecadores que antes fueron vagabundos, y que se convirtieron de manera maravillosa y total, son un verdadero gozo. Ellos tienden a ser entusiastas, deseosos de aprender, llenos de gratitud, y celosos por llevar a otros a Cristo. Las personas que tienden a causar el mayor dolor a sus pastores casi siempre parecen ser individuos que crecieron en la iglesia y aprendieron temprano a ser hipócritas. Los quejumbrosos, los críticos y los de mala clase por lo general vienen de ese grupo. A veces se necesita una medida extra de gracia para responder correctamente a estas personas. Es notorio que el único fariseo nombrado en todos los evangelios que se convirtió en seguidor de Cristo fuera Nicodemo (Juan 19.39).

Este padre hizo eso. Sabía que su hijo primogénito estaba aislado y que se sentía infeliz, y en vez de reprenderlo por su actitud amarga, simplemente le aseguró su amor y su afecto, y le recordó las riquezas que ya eran suyas. Si él quería una relación con su padre, podía acceder a ella. Si tenía alguna necesidad, allí ya estaban los recursos para utilizarse: «Todas mis cosas son tuyas» (v. 31). Ese fue literalmente el caso, y siempre lo había sido. Este hijo tenía los derechos usufructuarios completos por todas las cosas en la propiedad. Su herencia, que incluía todos los bienes del padre, ya la tenía a disposición para usarla como quisiera.

> A veces es más fácil ser paciente con pródigos que con hipócritas.

No hay indicios de que el hijo mayor respondiera a los tiernos ruegos de su padre. Todas las apariencias indican que su corazón siguió siendo tan frío como una piedra.

Así que el padre hizo una súplica final, y fue una reiteración total del tema principal que domina todo Lucas 15: «Era necesario hacer fiesta y regocijarnos, porque este tu hermano era muerto, y ha revivido; se había perdido, y es hallado» (v. 32).

En lo que respecta al padre, el festejo era perfectamente correcto y natural. Su hijo perdido había regresado como una persona distinta. Era como recibir a alguien de los muertos. *Tenían* que celebrar aquello. No había alternativa: «Era *necesario* hacer fiesta y regocijarnos». *No* había nada malo en celebrar.

La insinuación tácita debería haber conmovido el corazón del hijo mayor: «También celebraremos por ti, si vienes».

La perspectiva del padre era todo lo contrario de la del hermano mayor. ¿Notó usted eso? Mientras que el hijo actuaba como si le hubiera dado más felicidad que su hermano estuviera muerto, el padre, quien mucho tiempo antes había considerado muerto al pródigo, y a quien lloró por muchos días con un corazón quebrantado, estaba feliz de volverlo a tener vivo. No podía entender la actitud de su hijo mayor, porque francamente no tenía sentido.

LA LUCHA ESPIRITUAL

Esta última escena del drama de Jesús es bastante surrealista. El intercambio entre un padre amoroso y su aislado hijo está yuxtapuesto adrede contra una celebración que representa el supremo gozo celestial. Los contrastes son marcados y vergonzosos. Adentro hay un vibrante festejo, con música, danza, banquete, y un amado hijo gloriosamente redimido.

Pero afuera en la oscuridad de la noche se está llevando a cabo una lucha espiritual. Mientras todos los demás en la aldea están adentro honrando al padre, su propio hijo lo había arrastrado hacia afuera para amontonar desprecio sobre él. El hermano mayor, en la desfachatez de su amargura, simplemente había atacado la virtud, la integridad y el carácter de su amoroso padre. Era como si de repente hubiera hecho explosión todo pensamiento de enfado que había guardado en su corazón todos esos años. Le habían arrancado la máscara. Estaba desenmascarado.

Sin embargo, el padre respondió como siempre, con gracia, misericordia y amor generoso y puro. La pelota estaba ahora en la cancha del hijo mayor. ¿Cómo respondería?

Así terminó la narración de la parábola de Jesús: fuera del festejo, sin solución satisfactoria de la historia. La súplica del padre al hermano mayor simplemente quedó en el aire, y la parábola terminó con una tierna apelación a su arrepentimiento.

Eso se debe a que toda la parábola se contó en primer lugar para resaltar la súplica. Se trataba en realidad de la exhortación de Jesús para los fariseos... y para todos los demás que creen de veras que son dignos de la gracia y el favor de Dios.

Si usted, querido lector, es alguien que cree que su bondad bastará para ganar una buena posición delante de Dios, esta súplica también es para usted.

PARTE 5
El epílogo

11

El impactante desenlace de la vida real

Así que, desde aquel día acordaron matarle.

—Juan 11.53

«TU HERMANO ERA MUERTO, Y HA REVIVIDO; SE HABÍA PERDIDO, Y ES hallado» (Lucas 15.32).

Con estas palabras, pero sin ninguna solución satisfactoria, terminó la parábola del hijo pródigo. Jesús simplemente se alejó del lugar público donde estaba enseñando, y cuando entró con sus discípulos a un ambiente más privado comenzó a exponerles una parábola totalmente nueva. El relato refleja el cambio en Lucas 16.1: «Dijo también a sus discípulos: Había un hombre rico...»

La historia del hijo pródigo acaba de forma tan abrupta que un crítico textual con un muy bajo punto de vista bíblico podría sugerir que lo que tenemos aquí solo es un fragmento de la historia, inexplicablemente inconcluso por el autor. ¿O es más probable que el desenlace estuviera escrito abajo pero de algún modo separado del manuscrito original y perdido para siempre? Con seguridad en alguna parte debe haber un final para esta historia, ¿verdad?

Sin embargo, lo abrupto de la conclusión es totalmente intencional. Este es el golpe final en una larga serie de impactos que surgieron mientras Jesús narraba la historia. De todos los sorprendentes giros del guión y los asombrosos detalles, esta es la sorpresa culminante: Jesús llegó a ese punto y sencillamente se alejó sin dar ninguna solución a la tensión entre el padre y su primogénito. De modo intencional dejó inconclusa la historia y sin resolver el dilema. Se *supone* que nos sintamos como si estuviéramos esperando un remate o una oración final.

> Lo abrupto de la conclusión es totalmente intencional.

Es probable que aun las personas en la audiencia original de Jesús se quedaran con la boca abierta mientras él se alejaba. Con seguridad se hacían la misma pregunta que está en la punta de los labios cuando leemos hoy la historia: *¿Qué sucedió? ¿Cómo respondió el hijo mayor? ¿Cuál es el final de la historia?*

Es fácil imaginar que los invitados en la historia estarían ansiosos de oír cómo resultó todo. Todos estaban adentro celebrando y esperando que el padre volviera a entrar. Cuando salió de repente, las personas notaron que algo grave estaba pasando. En una situación como esta de la vida real lo más probable es que los invitados estuvieran murmurando que allí estaba el hermano mayor, enojado. Todos habrían querido ver la expresión del padre al volver a entrar, para tratar de detectar alguna clave acerca de lo que ocurrió. Esa es exactamente *nuestra* respuesta, como oyentes del relato de Jesús.

Pero a pesar de toda esa expectativa contenida Jesús sencillamente se fue, dejando el relato pendiente, inconcluso y sin resolver.

A propósito, Kenneth E. Bailey, un comentarista presbiteriano que hablaba árabe con soltura y especialista en literatura del Medio Oriente (pasó cuarenta años enseñando el Nuevo Testamento en Egipto, Líbano, Jerusalén y Chipre), hace un fascinante análisis del estilo literario [1] de la historia del hijo pródigo. Bailey demuestra que la parábola se divide en forma natural en dos secciones casi iguales, y que cada una está divinamente estructurada en una clase de patrón reflejado (ABCD-DCBA) llamado *quiasmo*. Es una clase de paralelismo que parece prácticamente poético, pero es un recurso típico en la prosa del Medio Oriente.

La primera mitad, donde el enfoque está por completo en el hermano menor, tiene ocho secciones o estrofas, y resuelve con precisión su arrepentimiento y su regreso a casa.

[Jesús] dijo: Un hombre tenía dos hijos.

A. Muerte: *Y el menor de ellos dijo a su padre: Padre, dame la parte de los bienes que me corresponde; y les repartió los bienes.*

B. Pérdida total: *No muchos días después, juntándolo todo el hijo menor, se fue lejos a una provincia apartada; y allí desperdició sus bienes viviendo perdidamente. Y cuando todo lo hubo malgastado, vino una gran hambre en aquella provincia, y comenzó a faltarle.*

C. Rechazo: *Y fue y se arrimó a uno de los ciudadanos de aquella tierra, el cual le envió a su hacienda para que apacentase cerdos. Y deseaba llenar su vientre de las algarrobas que comían los cerdos, pero nadie le daba.*

D. El problema: *Y volviendo en sí, dijo: ¡Cuántos jornaleros en casa de mi padre tienen abundancia de pan, y yo aquí perezco de hambre!*

D. La solución: *Me levantaré e iré a mi padre, y le diré: Padre, he pecado contra el cielo y contra ti. Ya no soy digno de ser llamado tu hijo; hazme como a uno de tus jornaleros. Y levantándose, vino a su padre.*

C. Aceptación: *Y cuando aún estaba lejos, lo vio su padre, y fue movido a misericordia, y corrió, y se echó sobre su cuello, y le besó.*

B. Todo se restaura: *Y el hijo le dijo: Padre, he pecado contra el cielo y contra ti, y ya no soy digno de ser llamado tu hijo. Pero el padre dijo a sus siervos: Sacad el mejor vestido, y vestidle; y poned un anillo en su mano, y calzado en sus pies.*

A. Resurrección: *Y traed el becerro gordo y matadlo, y comamos y hagamos fiesta; porque este mi hijo muerto era, y ha revivido; se había perdido, y es hallado. Y comenzaron a regocijarse.*

La segunda sección se enfoca en el hermano mayor, y también va en aumento hasta llegar a un punto culminante. Pero luego termina de forma abrupta de solo siete estrofas:

A. Permanece distante: *Y su hijo mayor estaba en el campo; y cuando vino, y llegó cerca de la casa, oyó la música y las danzas; y llamando a uno de los criados, le preguntó qué era aquello.*

B. Tu hermano; paz (una fiesta); enojo: *Él le dijo: Tu hermano ha venido; y tu padre ha hecho matar el becerro gordo, por haberle recibido bueno y sano. Entonces se enojó, y no quería entrar.*

C. Amor costoso: *Salió por tanto su padre, y le rogaba que entrase.*

D. Mis acciones, mi paga: *Mas él, respondiendo, dijo al padre: He aquí, tantos años te sirvo, no habiéndote desobedecido jamás, y nunca me has dado ni un cabrito para gozarme con mis amigos.*

D. Sus acciones, su paga: *Pero cuando vino este tu hijo, que ha consumido tus bienes con rameras, has hecho matar para él el becerro gordo.*

C. Amor costoso: *Él entonces le dijo: Hijo, tú siempre estás conmigo, y todas mis cosas son tuyas.*

B. Tu hermano; seguro (una fiesta); ¡gozo!: *Mas era necesario hacer fiesta y regocijarnos, porque este tu hermano era muerto, y ha revivido; se había perdido, y es hallado.*

A. El final inconcluso

Por tanto el final de la parábola parece ser a propósito asimétrico, como si hiciera hincapié extra en la falta de solución. Sencillamente no hay final.

Se *supone* que observemos eso. Ya que la historia termina de pronto con tan tierna petición, cada oyente debería tomar a pecho ese ruego, meditar en él, personalizarlo, y ver las hermosas posibilidades de unirse al gozo del padre en la salvación de pecadores. Y para ser francos, nadie necesitaba más esa clase de examen personal sincero que los escribas y fariseos legalistas a quienes Jesús narró la historia. La parábola fue por sobre todo una invitación a que ellos abandonaran su orgullo y su santurronería, y a que aceptaran el camino divino de la salvación. Pero además, el mismo principio también se aplica a todas las demás personas, desde pecadores licenciosos como el hijo pródigo hasta hipócritas mojigatos como el hermano mayor, y toda clase de individuos entre uno y otro.

> A todo aquel que oye la historia se le anima así a entrar también en el gozo del padre.

De ahí que todo el que oye la historia escribe su propio final por cómo responde a la generosidad de Dios hacia los pecadores. Esta es una manera ingeniosa de concluir la historia. Nos deja con deseos de redactar el final que nos gustaría ver. Todo aquel cuyo corazón aún no esté endurecido por resentimientos santurrones debería entender en la parábola algo respecto de la gloriosa gracia de Dios en Cristo, en especial su precioso perdón y su gozosa aceptación de pecadores arrepentidos.

Quien logre ver incluso por un instante esa verdad, seguramente querrá escribir algo bueno… como esto:

Entonces el hijo mayor cayó de rodillas ante su padre, diciendo: «Me arrepiento por mi corazón insensible y sin amor, por mi servicio hipócrita, y por mi orgullo y mi egoísmo. Perdóname, padre. Haz de mí un verdadero hijo, y llévame adentro a la fiesta». Entonces el padre abrazó a su hijo primogénito, lo cubrió de besos emotivos de agradecimiento, lo llevó al interior, y lo sentó junto a su hermano en sillas dobles de honor. Todos se regocijaron, y de repente el nivel de alegría de ese festejo ya asombroso se duplicó. Ninguno de los presentes olvidaría esa noche.

Pero así no es como terminó de veras la historia.

EL TRÁGICO FINAL

No olvide que Jesús contó esta parábola, incluyendo su repentino final, principalmente por el bien de los escribas y los fariseos. En realidad fue una historia acerca de ellos. El hermano mayor los representaba. La pendiente solución recalca la realidad de que la próxima jugada era de ellos. La tierna súplica final del padre era el propio ruego de Jesús a ellos. Si escribas y fariseos hubieran exigido saber el final de la parábola en el sitio, Jesús pudo haberles dicho: «Eso depende de ustedes». La

> La respuesta final de los fariseos a Jesús escribiría el final de la vida real de la historia.

respuesta final de los fariseos a Jesús escribiría el final de la vida real de la historia.

En consecuencia sabemos cómo termina en realidad el relato, ¿verdad? No es un final feliz para los fariseos o el hermano mayor. Al contrario, es otro giro impactante de la trama. Es más, es el más grande impacto y atrocidad de todos los tiempos.

Lo mataron.

Le advertí que iba a ser un final de infarto.

Usted podría estar pensando: ¡*No! Así no es como termina la historia. Me crié oyendo esa parábola en la escuela dominical, y se supone que no tiene un final trágico.*

En realidad, parece como que cualquier persona racional cuyo corazón y cuya mente no se hayan deformado totalmente por su propia hipocresía moralista, escucharía tal parábola con profundo gozo y gratitud por la gracia generosa que levanta a un pecador caído, lo hace íntegro, y lo recibe de nuevo en el favor de su padre. Cualquier individuo de corazón humilde que se ve reflejado en el hijo pródigo entraría de manera natural en el gozo y la celebración del padre, alegrándose de que Jesús pintara un retrato tan vívido de gracia divina. Como hemos visto desde el mismísimo principio, el claro mensaje de la parábola tiene que ver con el entusiasmo con que Jesús recibe a los pecadores. La parábola debería concluir con gozo, no con tragedia. Todo el mundo debería unirse a la celebración.

Pero era claro que el corazón del hermano mayor estaba (si bien es cierto en secreto hasta hoy) endurecido contra su padre. Había ido acumulando años de resentimiento, ira, codicia y obstinación, aunque usaba el favor de su padre como insignia de legitimidad. En realidad nunca entendió ni apreció la bondad de su padre hacia él; pero estaba feliz de recibirla y explotar lo que podía sacar de ella. Malinterpretó por completo la bondad del padre, creyendo que era prueba de su propia valía; cuando en verdad era una expresión de la bondad *del padre*. Y tan pronto como el padre mostró tan generoso favor al totalmente indigno hermano pródigo, el resentimiento del hermano mayor se desbordó rápidamente, y ya no pudo disimular su verdadero carácter.

Recuerde que el hermano mayor representa a los fariseos. Su actitud reflejaba exactamente la de ellos. Si a usted y a mí nos parece terrible y difícil entender el comportamiento del hermano mayor, a los fariseos no les era nada difícil de entender. Ellos estaban inmersos en un sistema religioso que adoptaba exactamente esa clase de perspectiva santurrona, egoísta y obstinada con respecto de la bondad y la gracia de Dios. Creían tener el favor de Dios por haberlo ganado, simple y llanamente. Por tanto, se molestaron cuando Jesús mostró favor a recaudadores de impuestos, prostitutas y delincuentes arrepentidos que claramente no merecían ningún favor.

Los fariseos creían que la generosidad de Jesús hacia delincuentes humillados le quitaba el lustre al emblema de la superioridad de ellos, y se enojaron exactamente de la misma forma en que se enojó el hermano mayor. ¿No parece sorprendente que cuando Jesús puso un fin tan abrupto a su narración de la parábola, excluyendo por completo el final, el relato de Lucas muestre total silencio en cuanto a la reacción de los fariseos? Estos sabían muy bien que el mensaje de la parábola estaba dirigido a ellos, y esto debió avergonzarlos.

Pero los fariseos no cuestionaron, no protestaron, no hicieron comentarios, ni pidieron más explicaciones, porque ya habían comprendido la actitud del hermano mayor. Esta tenía perfecto sentido para ellos. Quizás incluso ni siquiera sintieron la falta de una solución de la parábola en el mismo nivel que sintieron los demás oyentes, porque para ellos la queja del hermano mayor era perfectamente razonable. La manera en que les habría *gustado* ver resuelta la historia exigía el arrepentimiento *del padre*. En el escenario ideal fariseo, el padre tomaría en cuenta la opinión del hermano mayor, se excusaría en público ante este, avergonzaría públicamente al pródigo por su conducta insensata, y luego quizás hasta expulsaría para siempre al hijo pródigo.

Pero sin duda los fariseos vieron con tanta claridad el punto que Jesús estaba explicando, que se dieron cuenta de que la historia nunca daría un giro como *ese*. Así que no dijeron nada, al menos nada que Lucas (guiado por el Espíritu Santo) considerara muy importante para transmitírnoslo. Tal vez ellos solo dieron media vuelta y se alejaron. Lo más probable es que Jesús se alejara de ellos.

Es más, suponemos que no hay omisión alguna en este momento en la cronología narrativa de Lucas. Lucas 15 termina donde finaliza la parábola del hijo pródigo. Pero Lucas 16 continúa con Jesús aún hablando.

Este parece ser el registro de un largo discurso. Y en Lucas 16.1, Jesús cambia de los escribas y los fariseos «a los discípulos», y empieza a instruirlos con otra parábola. Esta es acerca de la sagacidad de los incrédulos y de la imposibilidad de servir a Dios y al dinero. Lucas 16.14 afirma: «Y oían también todas estas cosas los fariseos, que eran avaros, y se burlaban de él», queriendo decir que lo ridiculizaban. Así que por lo visto los fariseos se quedaron, quizás solo al margen, después de que la parábola del hijo pródigo terminara de manera abrupta, perseverando en su oposición a Jesús. Es más, estaban más decididos que nunca a silenciarlo, sin importarles lo que debieran soportar. Y esa actitud es la que los llevó a redactar por sí mismos el trágico final a la parábola más fabulosa de todos los tiempos.

El odio de los fariseos por Jesús aumentó desde el día en que les contó la parábola hasta que tramaron una conspiración para matarlo. «Y buscaban los principales sacerdotes y los escribas cómo prenderle por engaño y matarle» (Marcos 14.1). Al final consiguieron a regañadientes la cooperación de las autoridades romanas, e incluso la confabulación de Herodes, y lo crucificaron.

La muerte de Cristo en la cruz a instancias de ellos ocurrió solo unos meses después de este encuentro en Lucas 15. Ellos se felicitaron en una acción justificada que estaban seguros que preservaría el honor de Israel y la verdadera religión que creían encarnada en sus amadas tradiciones.

LA GLORIOSA CONTINUACIÓN

He aquí la gran ironía divina: al hacer lo peor, lograron hacer lo mejor de Dios (Hechos 2.22; 2 Corintios 5.21; Isaías 53). Pero ni acabó la historia con la muerte de Jesús.

La muerte no pudo asir a Jesús. Él resucitó de los muertos, lo cual significa que conquistó el pecado, la culpa y la muerte de una vez por todas. Su agonía en la cruz produjo finalmente la expiación eficaz de sangre que se había cubierto de misterio por todas las edades, y su resurrección fue la prueba de que Dios la aceptó.

Por tanto la muerte de Jesús proporcionó lo que la sangre de toros y carneros no podía lograr: una expiación total y aceptable para el pecado. Y la perfecta justicia de Jesús nos da precisamente lo que necesitamos para nuestra redención: una cobertura completa de justicia perfecta igual a la propia perfección divina.

En consecuencia, después de todo *sí* hay resolución verdadera y bendita a la historia.

LA INVITACIÓN ABIERTA

La invitación a ser parte del gran banquete de celebración todavía está abierta para todos. Se le extiende incluso a usted, querido lector. Y no importa si usted es un pecador abierto como el hijo pródigo, uno como su hermano mayor, o alguien con características de cada tipo. Si usted es alguien que aún está separado de Dios, Cristo le insta a reconocer su culpa, admitir su pobreza espiritual, abrazar a su Padre celestial, y reconciliarse con él (2 Corintios 5.20).

> La invitación a ser parte del gran banquete de celebración todavía está abierta para todos. Se le extiende incluso a usted, querido lector.

Y el Espíritu y la Esposa dicen: Ven. Y el que oye, diga: Ven. Y el que tiene sed, venga; y el que quiera, tome del agua de la vida gratuitamente (Apocalipsis 22.17).

Ahora disfrute la fiesta.

Verdad asociada: Cómo encontrar significado en las parábolas

Os es dado saber los misterios...

—Mateo 13.11

¿CUÁL ES LA IMPORTANCIA DE QUE JESÚS USARA HISTORIAS COMO medio para enseñar? Hace treinta años el evangélico típico podía contestar fácilmente esa pregunta en tres frases o menos. En realidad no es para nada una pregunta difícil, porque Jesús mismo la contestó claramente cuando dijo que empleaba parábolas por dos razones: para ilustrar la verdad a quienes estaban dispuestos a recibirla, y para encubrir la verdad de aquellos que de todos modos la odiaban:

> Cuando estuvo solo, los que estaban cerca de él con los doce le preguntaron sobre la parábola. Y les dijo: A vosotros os es dado saber el misterio del reino de Dios; mas a los que están fuera, por parábolas todas las cosas; para que viendo, vean y no perciban; y oyendo, oigan y no entiendan; para que no se conviertan, y les sean perdonados los pecados (Marcos 4.10–12)

Por tanto, la respuesta concisa y sencilla para nuestra pregunta inicial es que las parábolas de Jesús son herramientas con las cuales enseñó y defendió la *verdad*.

Haga un simple estudio y observará que cuando Jesús explicaba sus parábolas a los discípulos siempre lo hizo dando significados definidos y objetivos a los símbolos que usaba: «La semilla es la palabra de Dios» (Lucas 8.11). «El campo es el mundo» (Mateo 13.38). A veces su simbolismo es perfectamente obvio sin ninguna explicación, tal como el pastor en Lucas 15.4–7 (quien obviamente es una figura de Cristo mismo). Otras veces el significado necesita una exégesis y una consideración un poco más cuidadosas, pero el verdadero significado aún se puede entender y explicar claramente. Un poco de esfuerzo y de pensamiento cuidadoso siempre produce abundantes recompensas en el estudio de parábolas. Desde luego, eso es lo primero que he intentado hacer en todo este libro.

Ya sea que el verdadero significado de este o ese símbolo esté clarísimo, o que requiera algo de trabajo de investigación, el punto sigue siendo el mismo: Todas las parábolas de Jesús fueron *ilustrativas* de la realidad del evangelio. Las historias no fueron (como sugieren algunas personas en la actualidad) alternativas creativas a declaraciones verdaderas, diseñadas para reemplazar la certidumbre. No fueron utopías fantasiosas contadas tan solo para provocar una sensación. Y sin duda tampoco fueron juegos mentales ideados para hacer poco explícito todo. Mucho menos fue que Jesús empleara formas imaginarias para desplazar la misma verdad con mitología.

Por sobre todo, Jesús no estaba invitando a sus oyentes a interpretar las historias como quisieran, y por tanto a dejar que las opiniones personales fueran el árbitro definitivo de lo que es cierto para esa persona. La convicción de que la Biblia misma es la norma final de fe (y la correspondiente creencia de que las Escrituras mismas deberían determinar cómo interpretarlas) es un antiguo principio de cristianismo bíblico. Quien niega esto en realidad está rechazando la autoridad de las Escrituras.

Eso no insinúa que todas las Escrituras sean *igualmente* claras. Se sabe que algunas de las parábolas en particular son muy difíciles de interpretar. Para acertar se necesita cuidado, trabajo duro, y la ayuda del Espíritu Santo. Nunca se ha cuestionado seriamente eso.

Pero en cuanto a si cada parábola *tiene* de veras un sentido divinamente inspirado y por tanto una adecuada interpretación (un sentido *objetivamente* verdadero), nunca ha habido una polémica grave entre personas que toman en serio la autoridad de las Escrituras. El corolario de esa idea es un principio igualmente sensato: toda posible interpretación que contradiga el verdadero significado de un pasaje es falsa por definición.

Sin embargo, en estos tiempos posmodernos parece haber muchas voces que niegan esos principios sencillos. A menudo sugieren que puesto que Jesús hizo tan magnífico uso de parábolas y comparaciones en su ministerio público, no debió haber pensado en cuanto a la verdad en la misma manera que piensan hombres y mujeres de hoy. ¿Es en última instancia la verdad una realidad objetiva, fija e inmutable, o es maleable, flexible y subjetiva?

Esto es más que solo una interesante nota de pie de página para el resto del libro. Es un asunto crucial para plantear y examinar, especialmente ahora. Vivimos en una generación en que se mezclan a veces rastros de realidad con elementos míticos, conjeturas, teorías, falsedades, ficción y sentimientos, y luego se dan a conocer en forma de oscura neblina, para hacer que el concepto mismo de *verdad* parezca una emanación enredada y misteriosa sin verdadero fundamento.

Algunos que hoy día prefieren esta idea confusa de la verdad intentan comunicarnos que Jesús siguió exactamente ese enfoque para enseñar. Afirman que la razón principal de que a menudo usara narraciones fue para resaltar la imposibilidad de entender la verdad divina, y por tanto confundir la arrogancia y la hipocresía espiritual de su época. Los fariseos, por ejemplo, creían haber entendido toda la verdad, aunque no concordaban con los saduceos igualmente seguros de sí mismos. Las parábolas de Jesús simplemente pusieron justo donde corresponde el concepto total de verdad: en el incomprensible reino del misterio puro.

Al menos eso es lo que nos harían creer quienes han bebido profundamente del espíritu posmoderno de nuestra era. Ellos insisten en que es una equivocación someter los relatos de nuestro Señor a un análisis sistemático serio en busca de una interpretación precisa, porque hacerlo es pasar por alto el verdadero propósito de las historias. Nos dicen que en vez de eso es mejor disfrutar, admirar y adaptar las historias de Jesús en cualquier forma que nos las haga ver con más sentido. Según esta manera de pensar, ya que los relatos son intrínsecamente subjetivos, deberíamos preocuparnos menos por preguntar qué *significan* las parábolas, y más por encontrar formas de que las historias de la Biblia sean nuestras historias.[1]

Hace poco me enseñaron un escrito enviado por Internet de un autor anónimo (supongo que es un pastor) que dio un nuevo giro a la parábola del hijo pródigo desde una perspectiva feminista, y en consecuencia cambió intencionalmente toda la historia. En la liberal interpretación de esta persona se nos anima a visualizar al padre como un distante patriarca familiar que sin pensar ahuyenta por abandono a su hijo menor. El desconocido escritor nos informa solemnemente que esta nueva faceta de la historia «cambia todo». La exigencia que hace el hijo de la herencia por anticipado «insinúa quizás una tirantez familiar que existió por mucho tiempo, [y] la vida libertina del muchacho podría ser su esfuerzo por "comprar" afiliación y pertenencia», lo cual había ansiado por mucho tiempo pero que no tuvo porque el padre lo había marginado al no darle la debida atención. En lugar de un argumento demasiado indulgente de «divertirse mientras se es joven», la búsqueda del pródigo de un estilo de vida imprudente se convierte por tanto en un desesperado pedido de ayuda.[2]

Además de observar que el relato de Jesús de la parábola del hijo pródigo termina sin solución, el artículo insinúa que «revela la duración indefinida del reino de Dios». Asimismo, el *verdadero* final de la historia «es el final de mi historia, de su historia, y de la historia de todo el mundo… que ni en sueños la hubiéramos imaginado».[3]

Por tal enfoque totalmente subjetivo, las historias de Jesús se vuelven juguetes para ser torcidos y darles la forma que se ajuste a los deseos del oyente. Todo el mensaje de Jesús se hace versátil, subjetivo e infinitamente adaptable a las necesidades sentidas y las preferencias personales de cada oyente.

Esta es una manera muy popular de tratar en estos días con la enseñanza de Jesús: como si nos hubiera dado sus parábolas principalmente para crear un estado de ánimo y un marco para un billón de dramas personales exclusivos. Está bien admirar el ambiente, pero no está bien sostener la historia a contraluz e intentar descubrir algún significado objetivo y universal. En cambio, se supone que tratemos de experimentar la historia por nosotros mismos, viviéndola o contándola de nuevo en nuestras propias palabras, y usando un poco más que nuestras imaginaciones. Así es como podemos hacer que las historias de Jesús sean *nuestras* historias. Significa en realidad que a la larga nos corresponde determinar la interpretación, la enseñanza, y el final de cada historia.

Tal enfoque en círculos académicos contemporáneos sería reconocido más bien como una forma extrema de *teología narrativa*. Esa es una expresión muy de moda en estos días, usada para describir un enorme grupo de ideas nuevas acerca de cómo deberíamos interpretar la Biblia (con énfasis especial en la «historia» y no en la verdad que ella afirma). Lo moderno de la teología narrativa ha provocado enormes discusiones, y una considerable medida de confusión, respecto del papel de Jesús como narrador de historias. ¿Qué quiso transmitir en sus historias? ¿Por qué usó tantas parábolas? ¿Cómo se supone que las entandamos? La forma misma de la narración, ¿altera o anula las reglas normales para interpretar la Biblia?

O en una escala aun más amplia, ¿constituye un argumento válido el uso frecuente de historias por parte de Jesús contra el enfoque sistemático de doctrina que han tomado históricamente los cristianos? *¿Debemos en realidad analizar la Biblia, categorizar la verdad, y tratar de entender la doctrina bíblica en alguna clase de moda lógica, o está bien simplemente apreciar las historias y adornarlas con nuestros finales de la vida real y que tuercen la trama?* En términos muy sencillos: ¿Es el estilo de enseñanza de Jesús compatible de verdad con nuestras afirmaciones doctrinales, confesiones de fe, y enfoques sistemáticos de teología?

Todas esas son preguntas importantes, sin embargo no son difíciles de contestar si aceptamos sencillamente lo que la Biblia dice respecto del uso que Jesús hace de las parábolas.

LAS HISTORIAS COMO VEHÍCULOS EFICACES PARA LA VERDAD

Jesús fue un experto narrador de historias, pero nunca contó una historia solo por contarla. Sus parábolas no fueron juegos de palabras o misteriosos «resuélvalo usted mismo», donde se invitaba a cada oyente a proporcionar su propio significado. Cada una de sus parábolas transmitía una enseñanza importante, originada por Cristo mismo y fortalecida por él en la estructura de la parábola.

Esa es una realidad crucial para recordar, porque explica cómo la *verdad* (a medida que entendemos el concepto) es compatible con la narración de historias. Ni siquiera la ficción es totalmente incompatible con nuestras ideas convencionales de verdad, porque a la larga toda historia bien narrada la plantea. Y lo importante de una buena historia es que se supone que es cierta (o al menos una verdad de vida en *algún* nivel), aunque la historia misma pinte un panorama totalmente imaginario.

Esta es la mismísima naturaleza de las parábolas. Es la razón principal (como analizamos en la introducción de este libro) de que una enseñanza central siempre es el rasgo más importante de toda parábola, y nos deberíamos enfocar en eso en lugar de buscar significado oculto en todos los detalles periféricos de la historia. Cuando usted ve el punto clave de una parábola, tiene la esencia de cualquier verdad que la historia busca transmitir. Esa enseñanza en sí a veces está llena o adornada de elementos, personajes y otros detalles en el guión de la historia. Pero no hay necesidad de buscar múltiples significados, o suponer que en las características incidentales del relato se halle oculto algún simbolismo más profundo o una diferente dimensión de verdad. Como observamos en la introducción, las parábolas no son alegorías, llenas de símbolos de principio a fin. Ellas resaltan una verdad importante, igual que la moraleja de una historia bien contada.

Eso explica por qué la verdad vital contenida en una parábola es fija y objetiva, no es un pedazo metafísico de plastilina que podemos amasar y darle la forma que queramos. Recuerde que cuando Jesús empezó a usar parábolas en su ministerio público, se apartó a solas con los discípulos y cuidadosamente les explicó la parábola del sembrador (Mateo 13.18-23). Esta tenía un significado *objetivo* claro, simple, único y sencillo, y mientras Jesús se los explicaba les indicó que todas las parábolas se podían entender por medio de un método parecido de interpretación: «¿No sabéis esta parábola? ¿Cómo, pues, entenderéis todas las parábolas?» (Marcos 4.13). De ahí que no haya absolutamente ninguna razón para suponer que el uso de parábolas por parte de Jesús es de algún modo un indicio de que la verdad misma está tan oculta en misterio como para ser totalmente indescifrable.

Todo lo contrario: como observamos al inicio de este apéndice, Jesús usó parábolas para clarificar ciertas verdades a los creyentes y al mismo tiempo ocultar de los incrédulos el significado.

¿Ha pensado usted *por qué* Jesús hizo eso? Ocultar la verdad de los incrédulos era (en un sentido muy importante) un acto de misericordia, porque mientras más verdad oyeran y rechazaran, peor les iría en el juicio final.

Pero el uso de parábolas por parte de Jesús también era en sí una señal de juicio contra ellos, sellándoles su tenaz incredulidad al quitarles la luz de la verdad. Ellos ya habían endurecido sus corazones: «Porque el corazón de este pueblo se ha engrosado, y con los oídos oyen pesadamente, y han cerrado sus ojos; para que no vean con los ojos, y oigan con los oídos, y con el corazón entiendan, y se conviertan, y yo los sane» (Mateo 13.15). La incredulidad puede ser irreversible. Jesús utilizó parábolas para resaltar esa realidad y para que fuera una señal de advertencia, animándonos a no endurecer nuestros corazones como lo hicieron los fariseos, sino más bien buscar la verdad.

Sin embargo, Jesús dijo a los discípulos: «Bienaventurados vuestros ojos, porque ven; y vuestros oídos, porque oyen» (v. 16). Jesús estaba aclarando que las parábolas *sí* tienen significado objetivo, y que ese significado se puede entender de verdad. «A vosotros os es dado saber los misterios del reino de los cielos» (Marcos 4.11). Por tanto claramente indicó que las parábolas contenían verdad espiritual y eterna que alguien puede de veras ver, oír y *conocer* con ojos y oídos espirituales.

Por tanto, aunque las parábolas ocultaban de los *incrédulos* lo que Jesús quería decir, no es como si él hubiera estado recubriendo la verdad de misterio incomprensible y sin esperanza. En realidad la verdad se devela e ilustra en cada una de sus parábolas. Se trata de una verdad vital, eterna, inmutable, auténtica e inequívoca… no algo etéreo o verdad inaccesible. Al contrario, es tan sencilla que por medio del debido uso de medios ordinarios cualquier creyente debería poder llegar a un entendimiento profundo y seguro de esa verdad.

LA RIQUEZA DE LA VERDAD EN LAS PARÁBOLAS DE JESÚS

Las historias de Jesús se destacaban tanto por su sencillez como por su gran abundancia. A múltiples parábolas en Mateo y Lucas a veces se las expone en forma de rápida sucesión, una tras otra, con poco o ningún material interpretativo o ampliativo intercalado entre ellas. Discursos extendidos que prácticamente no contienen sino parábolas llenan a veces grandes secciones de capítulos de Mateo y Lucas. (Vea por ejemplo Mateo 13; Mateo 24.32—25.30; y por supuesto, Lucas 15.4—16.13.) Tal vez las selecciones que hacen constar Mateo y Lucas eran ejemplos representativos en vez de catálogos exhaustivos de parábolas de Jesús. No obstante, parece razonable concluir que el patrón de parábola tras parábola se aproxima mucho al real estilo de discurso de Jesús.

Está claro que a Jesús le *gustaba* enseñar contando historias en lugar de dar una lista de hechos crudos para aprender de memoria, o de explicar información de modo resumido en forma sistemática y perfectamente organizada. Él nunca fue estirado o pedante cuando enseñaba, sino siempre informal y natural. Las parábolas contenían figuras conocidas, y a veces estimulaban fuertes emociones. Estos aspectos eran lo que hacía más memorable la enseñanza de Jesús, en lugar de usar ordenadas listas o ingeniosa repetición.

A propósito, esa no es una observación novedosa; es un hecho que aparentemente sobresale del texto del Nuevo Testamento, especialmente en los tres evangelios sinópticos (Mateo, Marcos y Lucas). Y por supuesto, todos los cuatro evangelios y los Hechos están de la misma manera escritos totalmente en forma narrativa. La ráfaga repentina de entusiasmo en ciertos círculos académicos modernos por la «teología narrativa» y la «predicación narrativa» podría dar a algunos estudiantes la impresión de que apenas hace poco los eruditos han descubierto que la Biblia está llena de historias. Lea algunos libros y periódicos recientes sobre el tema, y hasta podría quedar con la impresión de que la iglesia ha estado mucho tiempo en tinieblas (al menos desde el inicio de la era moderna) hasta que los eruditos, leyendo la Biblia a través de lentes posmodernos, notaron de repente las verdaderas implicaciones del estilo narrativo de Cristo para enseñar.

En realidad, la preferencia de Jesús por recursos narrativos lo han notado debidamente, y resaltado fuertemente, casi todos los maestros competentes en la historia de la Iglesia, empezando con los mismos escritores de los evangelios, por medio de lo mejor de los primeros padres de la iglesia, hasta (e incluyendo) prácticamente todo importante comentarista bíblico protestante de los últimos cuatro siglos.

Pero el hecho de que Jesús mostrara tal preferencia por formas narrativas no invalida *sin embargo* el propósito didáctico de las parábolas ni la inalterable verdad que se suponía que transmitieran.

Es más, Mateo 13.34-35 resume en términos muy simples la perspectiva adecuada sobre las parábolas y su valor verdadero: «Todo esto habló Jesús por parábolas a la gente, y sin parábolas no les hablaba; para que se cumpliese lo dicho por el profeta, cuando dijo: Abriré en parábolas mi boca; declararé cosas escondidas desde la fundación del mundo». Él estaba citando Salmo 78.2-4, que describía el propósito principal de las parábolas como medio de *revelación*, no de *ofuscación*. El único contexto en que las parábolas esconden adrede la verdad o la envuelven en misterio está en la obstinada y hostil incredulidad.

HISTORIAS Y PROPOSICIONES

En este análisis es necesario enfocar brevemente un asunto vital y relacionado, y se trata de si violamos el único propósito de que Jesús contara historias cuando resumimos las verdades que aprendemos de las parábolas y las replanteamos en forma de proposiciones.

Ese es un asunto formulado a menudo por personas que siguen el ejemplo del postmodernismo popular. Conciben las *historias* y las *proposiciones* como categorías totalmente separadas, casi maneras contradictorias de pensar acerca de la verdad. En palabras de un autor, «el evangelio emergente de la era electrónica se está moviendo más allá de las *proposiciones* cognoscitivas y fórmulas directas para adoptar el poder y la verdad de la *historia*.[4]

Según esa forma de pensar, el verdadero valor de una historia no se puede ni se debería reducir a una simple proposición.

Las proposiciones son los ladrillos de la lógica. Intrínsecamente son sencillas, no complejas. Una proposición no es más que una aseveración que afirma o niega algo. «Jesucristo es Señor de todos» (cf. Hechos 10.36) es una proposición bíblica clásica que expresa una de las verdades básicas de toda la doctrina cristiana. Otra es: «No hay salvación en ningún otro (cf. Hechos 4.12). El primer ejemplo es una afirmación de la supremacía y la exclusividad de Jesús; el segundo es una negación de lo inverso. Las dos son proposiciones sencillas de la misma verdad bíblica fundamental, pero en maneras levemente distintas.

El valor de verdad de toda proposición es binario: solo puede ser cierto o falso. No hay valor intermedio. Además existe el problema en lo que respecta al pensamiento posmoderno: las proposiciones no permiten ninguna ambigüedad.

Como la forma de una proposición exige una afirmación o una negación, y el pensamiento posmoderno prefiere la oscuridad y la vaguedad por sobre la claridad, no asombra que la misma idea de verdad en forma de proposición haya perdido popularidad en estos tiempos posmodernos. En contraste, las historias se perciben ampliamente como fluidas, subjetivas y no necesariamente enfáticas... solo como el punto de vista posmodernista de la verdad misma.

Por tanto, en estos días es más y más común oír a las personas expresar la creencia de que el tipo de verdad plasmado en historias es de algún modo de naturaleza totalmente distinta de la clase de verdad que podemos expresar en proposiciones. Lo que generalmente sostienen es un concepto fluido, sujetivo y ambiguo de la verdad misma.

Aceptar esa perspectiva es en realidad hacer picadillo de la mismísima noción de verdad. Esta no se puede expresar verbalmente ni afirmar formalmente en absoluto, incluso en forma de historia, sin recurrir a proposiciones. Por eso el intento posmoderno de separar la verdad de las proposiciones no es más que una forma de hablar acerca de la verdad, juguetear con la idea de la verdad, y dar palabras falsas a la existencia de verdad... sin que en realidad se necesite afirmar algo como cierto o negar algo como falso.

Por eso la iglesia tiene históricos credos y confesiones en primer lugar, y todos están llenos hasta los topes de proposiciones. He oído decir muchas veces a Al Mohler que aunque la noción bíblica de verdad siempre es *más* que de proposición, nunca es *menos*. Tiene razón. No debemos creer que el uso de historias y parábolas por parte de Jesús disminuya de algún modo la importancia de la exactitud, la claridad, los hechos históricos, las realidades objetivas, la sana doctrina, o las afirmaciones de verdad proposicional.

La verdad es que no todas las parábolas de Jesús fueron historias hechas y derechas. Algunas de las más cortas se expusieron en forma proposicional franca y sencilla. «El reino de los cielos es semejante a la levadura que tomó una mujer, y escondió en tres medidas de harina, hasta que todo fue leudado» (Mateo 13.33). O, «Todo escriba docto en el reino de los cielos es semejante a un padre de familia, que saca de su tesoro cosas nuevas y cosas viejas» (v. 52). Y, «[El reino] es semejante al grano de mostaza, que un hombre tomó y sembró en su huerto; y creció, y se hizo árbol grande, y las aves del cielo anidaron en sus ramas» (Lucas 13.19).

Además, las proposiciones se usaron como ladrillos en cada una de las parábolas que Jesús brindó en forma de historia extendida. Tome por ejemplo la parábola del hijo pródigo. La misma frase inicial, «Un hombre tenía dos hijos» (Lucas 15.11), es una proposición simple. La última frase de la parábola es asimismo una proposición básica: «Tu hermano era muerto, y ha revivido; se había perdido, y es hallado» (v. 32). Esas son declaraciones acerca de los hechos de la historia en vez de afirmaciones de la verdad central que la historia apunta a enseñar, pero sirven para ilustrar que no es precisamente posible comunicar en absoluto una verdad cruda o historia compleja sin usar proposiciones. Por otra parte, es casi imposible creer que una verdad auténticamente *conocible* no se pueda expresar en forma proposicional.

Para ofrecer otro ejemplo, considere una vez más las tres parábolas armoniosas de Lucas 15 (la oveja perdida, la moneda perdida y el hijo pródigo). La única exposición que Jesús ofrece como una clave para su significado es una sencilla afirmación proposicional: «Habrá más gozo en el cielo por un pecador que se arrepiente, que por noventa y nueve justos que no necesitan de arrepentimiento» (Lucas 15.7). Como lo resaltamos en todo este libro, ese es el tema central y el versículo clave de esta larga sección de la Biblia.

Observe: *ese versículo declara una verdad que por definición es objetiva.* Describe lo que ocurre en el cielo cuando alguien se arrepiente. Revela una realidad que de ningún modo la afecta ninguna perspectiva individual. Por el contrario, es una realidad que es cierta a pesar de cómo la perciba alguien. Es más, ha sido cierta desde el principio, antes de que alguna criatura terrenal la percibiera en absoluto. Eso es precisamente lo que queremos decir al afirmar que la verdad es «objetiva».

¿Por qué todo esto es importante? Porque la verdad en sí es críticamente importante, y la iglesia moderna está en peligro inminente de vender su primogenitura a cambio de una filosofía posmoderna que en realidad acabaría con la misma idea de verdad.

Ese es un terreno que no podemos ceder. Debemos estar dispuestos a someter nuestras mentes a la verdad bíblica, y no debemos someter la Biblia a cualquier teoría o especulación comúnmente populares en el reino de la filosofía popular.

Mirad que nadie os engañe por medio de filosofías y huecas sutilezas, según las tradiciones de los hombres, conforme a los rudimentos del mundo, y no según Cristo.

—Colosenses 2.8

❧ Notas ❧

Capítulo 4: El comportamiento descarado del hijo pródigo

1. William Manchester, *A World Lit Only by Fire*, Little, Brown, New York, 1992, p. 54.

Capítulo 6: El regreso

1. D. Martyn Lloyd-Jones, *Out of the Depths*, Crossway, Wheaton, 1995, pp. 57-58.

Capítulo 7: Su perdón

1. Kenneth E. Bailey, *Finding the Lost Cultural Keys to Luke 15*, Concordia, St. Louis, 1992, p. 146.

Apéndice: Verdad asociada: Cómo encontrar significado en las parábolas

1. He contestado con muchos más detalles a la actual ola de influencias posmodernas entre evangélicos en *Verdad en guerra*, Grupo Nelson, Nashville, 2007.

2. El ensayo titulado "Check Out This Chick-Flick", fue enviado de manera anónima al weblog de la First Trinity Lutheran Church (ELCA, siglas en inglés), Indianápolis. http://firsttrinitylutheran.blogspot.com/2007/03/check-out-this-chick-flick.html

3. Ibid.

4. Shane Hipps, *The Hidden Power of Electronic Culture*, Zondervan/Youth Specialties, Grand Rapids, 2006, p. 90; énfasis añadido.

❦[ÍNDICE TEMÁTICO]❧

ÍNDICE DE VERSÍCULOS

✠ Acerca del autor ✠

El doctor **John MacArthur**, autor de muchos éxitos de librería que han bendecido a millones de personas, es pastor y maestro de Grace Community Church en Sun Valley, California, y presidente de The Master's College and Seminary. También es presidente de Grace to You, el ministerio que produce un programa de radio sindicado internacionalmente así como también en español, *Gracia a Vosotros*, y muchos recursos impresos, de audio y de la Internet. Además, es el autor de las notas en *The MacArthur Study Bible*, que ganó el premio «Gold Medallion».

John y su esposa Patricia tienen cuatro hijos adultos y trece nietos. Para más información, póngase en contacto con Gracia a Vosotros llamando al 1-866-5-GRACIA o visite su sitio web www.gracia.org.

Éxitos de librería por el
Dr. MacArthur

JOHN
MACARTHUR
Autor de Doce hombres comunes y corrientes

LIDERAZGO

ISBN: 9780881131512

DOCE
MUJERES
EXTRAORDINARIAS
Como Dios Formó a las Mujeres de la Biblia
y lo Que Él Quiere Hacer Con Usted

JOHN
MACARTHUR

ISBN: 9780881139624

ISBN: 9780891137774

ISBN: 9780899225425

JOHN MACARTHUR

PELEANDO POR CERTIDUMBRE *en una* ERA *de* DECEPCIÓN

VERDAD EN GUERRA

DOCE HOMBRES
COMUNES
Y CORRIENTES

CÓMO *el* MAESTRO

FORMÓ A SUS DISCÍPULOS *para la* GRANDEZA,

y lo que ÉL QUIERE HACER CONTIGO

JOHN MACARTHUR

GRUPO NELSON
gruponelson.com